ADVANCED ARABIC THROUGH DISCUSSION

ADVANCED ARABIC THROUGH DISCUSSION

20 LESSONS ON CONTEMPORARY TOPICS WITH INTEGRATED SKILLS AND FLUENCY-BUILDING ACTIVITIES FOR MSA LEARNERS

Nevenka Korica Sullivan

The American University in Cairo Press
Cairo New York

First published in 2022 by
The American University in Cairo Press
113 Sharia Kasr el Aini, Cairo, Egypt
One Rockefeller Plaza, 10th Floor, New York, NY 10020
www.aucpress.com

Dar el Kutub No. 26856/17
ISBN 978 977 416 882 6

Dar el Kutub Cataloging-in-Publication Data

Sullivan, Nevenka Korica
Advanced Arabic through Discussion / Nevenka Korica Sullivan.—Cairo: The American University in Cairo Press, 2022.
p. cm.
ISBN 978 977 416 882 6
1. Arabic language – study and teaching
492.7

1 2 3 4 5 26 25 24 23 22

Designed by David G. Hanna
Printed in the United States of America

Contents

المحتويات

Introduction

المقدمة

Lively and passionate discussions are a key component of collaborative learning in communicative language classrooms. They can be an extremely valuable and effective pedagogical tool for promoting student engagement, developing language skills, improving retention of the material, and increasing motivation to learn. However, they can also be a challenging endeavor. Many of us, teachers and learners alike, have painful memories of attempted discussions that ended in periods of awkward silence, became dominated by a few talkative students, or went off the point entirely and became irrelevant after just a few minutes.

Good classroom discussions rarely "just happen;" they require considerable effort and preparation. Many of us may wonder if the time spent on whole class discussion is justified, especially when it is so easy for it to fail. The purpose of this book is to make this task easier. It is designed with the goal to support learners and teachers in advanced Arabic language classes in their efforts to create classroom discussions that inspire all participants to be engaged and ensure that they have enriching learning experiences. The materials are based on successful classroom discussions in my own classes over the past ten years.

Advanced learners face many obstacles in their efforts to further improve their language proficiency. They have to work simultaneously on acquiring sophisticated vocabulary, complex structures, and knowledge of cultural and pragmatic appropriateness on the one hand, and on filling the old gaps to perfect their control of previously acquired intermediate-level language skills on the other. Their progress is slower and less perceptible than when they started learning the language, and many of them struggle with feelings of frustration and discouragement. This book is designed to provide an engaging learning environment, and to sustain motivation through tasks that are relevant to the learners and the world outside of the classroom.

The course book has twenty units. The topic of each unit is a potentially controversial issue, presented in the form of a question. For example: Should antiquities be repatriated? Is graffiti art or vandalism? Are talent shows good or bad? Although the texts chosen to introduce each topic are related to the Arab world, all discussion topics that are chosen for the book are not specific to a particular country or community. They are chosen because they are relevant in many different cultures around the world, to allow the learners to bring their own experiences and perspectives to class discussions.

Many challenges associated with classroom discussions can be resolved through "scaffolding," which means breaking up the learning into chunks. Scaffolding provides a structure that helps students acquire new language, and as the lesson progresses, the scaffolding is removed, and students move towards independence and creativity in language use. While learners explore each issue in-depth as they work through the unit, they use Arabic to question, critique, argue, persuade, evaluate, and perform a variety of engaging and intellectually stimulating tasks, which challenge them to constantly shift attention between content and language, and meaning and form. Each unit of the book contains the following segments to ensure sufficient scaffolding in preparation for the final discussion.

Introduction مقدمة

The introduction starts with three short, small-group discussion tasks to get learners to think about the unit's topic and explore key vocabulary items, before delving into the main text. Students can brainstorm ideas with partners and discuss preliminary ideas as they begin to explore the topic in more depth.

Reading قراءة

The reading passage is an opinion piece that deals with some aspects of the main topic. It contains several salient examples of language functions and structures that are highlighted in the chapter. The goal of the text is to ensure that students have a similar baseline of information and common vocabulary to use during whole class discussion.

Vocabulary and Expressions مفردات وعبارات

Exercises in this section are designed to activate new words and expressions and promote long-term retention. Learners are asked to make associations, learn collocations and phrases rather than individual words, and arrange vocabulary into semantic clusters to store them in the long-term memory.

Verbs and Verb Forms أفعال وأوزان

While a general knowledge of the Arabic verb system is assumed at this level, learners may still need to work on refining it. In each unit, certain verb forms that happen to be prominent in the main text are chosen to be reviewed. After focusing on the form, the focus is redirected again to the meaning.

Language Functions وظائف لغوية

Language functions refer to the purposes for which we use language to communicate. Each unit focuses on two to three language functions and corresponding grammatical structures and connectors that are often used to perform the language function. The goal of this section is to focus on accuracy, raise students' awareness of form, and draw their attention to the details of how particular structures and connectors are used.

Role-Playing لعب الأدوار

Incorporating role-playing into the classroom adds variety, opportunities for a lot of language production, active learning, and perhaps a bit of fun. Role-playing allows learners to increase fluency, assess their own progress, engage in peer-correction, and build confidence in a relatively risk-free environment. Since learners are practicing speaking in a conversational situation, this section includes several useful phrases they may need when agreeing, disagreeing, interrupting, and so on.

Writing كتابة

The goal of the writing task is to give learners an opportunity to review the newly acquired vocabulary, expressions, and structures, and to refine their accuracy. It also asks them to take time to process and organize their ideas and formulate responses that can be shared in class discussion.

Up for Discussion مطروح للنقاش

Each unit ends in a simulation, or a group discussion based on a certain scenario that reflects a possible real-life situation. Students can retain their own personas or adopt a character that fits into the given scenario.

Discussion 1: Is Foreign Language Education a Luxury or a Necessity?

النقاش الأول: هل تعليم اللغات الأجنبية ترف أم ضرورة؟

Language in Focus

- Talking about the purpose of an action

Structures and Connectors

- من أجل/من أجل أن
- المفعول لأجله

Introduction مقدمة

1. Work with a partner. Talk about the following:

تجاربكم في تعلم اللغات الأجنبية
أسبابكم لدراسة اللغة العربية

2. Are the following statements true? Explain.

تحتل اللغة العربية المرتبة الخامسة في قائمة أكثر اللغات انتشارًا.
تساعد معرفة اللغة العربية في زيادة فرص العمل أمام الشخص.
الناس الذين يتكلمون اللغة العربية أكثر ذكاءً من الآخرين.

3. Read the paragraph below. What is the main idea? Ask two questions about it.

قام معهد الخدمات الخارجية التابع للحكومة الأمريكية بتصنيف اللغات إلى خمس فئات حسب صعوبة تعلمها، وجاءت اللغة العربية في الفئة الخامسة، أي الأصعب، إلى جانب الصينية واليابانية والكورية. ووفقًا للمعهد، فإن تعلم العربية ولغات شرق آسيا يستغرق ثمانية وثمانين أسبوعًا، وهذه الفترة أكثر بنحو الضعف من تعلم اللغات التي تأتي خلفها من حيث صعوبة تعلمها.

Reading قراءة

4. Read the text.

ترتيب الأولويات

بالرغم من أن أعداد الطلاب الذين يقبلون على دراسة اللغة العربية في تزايد مستمر في السنوات الأخيرة، فقد قررت إدارة الجامعة إغلاق قسم اللغات الشرقية هذه السنة الدراسية. وأعلنت الإدارة أنها اتخذت هذا القرار من أجل الحد من الأزمة المالية الشديدة التي تواجهها الجامعة نتيجة لوباء فيروس كورونا المستجد (كوفيد-١٩). ويقول بيان الإدارة إن تعليم اللغة العربية يعتبر ترفا في هذه الظروف، لأن تكاليف الدراسة عالية ونتائجها غير مضمونة. فمن المعروف أن العربية من أصعب لغات العالم ولا يمكن إتقانها من خلال الدراسة في الفصل، بل يجب الإقامة في أحد البلدان العربية فترة طويلة. كما أكدت أن هناك مواد أخرى سيستفيد منها طلاب أكثر بكثير.

وقد أطلق بعض الطلاب حملة على مواقع التواصل الاجتماعي احتجاجًا على قرار الجامعة. فإنهم يدرسون العربية بحثا عن فرص عمل أفضل في الشركات الدولية الكبرى أو السلك الدبلوماسي أو الصحافة. ويحتاجها الآخرون من أجل أن يتعمقوا في فهم الدين الإسلامي أو دراسة قضايا الشرق الأوسط

وغيـر ذلـك مـن المجـالات الأكاديميـة. كمـا أشـاروا إلـى أهميـة هـذه اللغـة فـي العالـم، فالعربيـة تحتـل المرتبـة الخامسـة فـي قائمـة أكثـر اللغـات انتشـارًا فـي العالـم. إنهـا اللغـة الرسـمية لاثنتيـن وعشـرين دولـة، وإحـدى اللغـات الرسـمية السـت فـي منظمـة الأمم المتحـدةٍ. وتؤثـر الظـروف السياسـية فـي اهتمامـات الطـلاب، فيـدرس البعـض العربيـة رغبـة فـي مسـاعدة اللاجئـين السـوريين والتواصـل معهـم بلغتهـم الأم.

يسـاهم تعلـم اللغـة فـي التعـرف علـى ثقافـة الـدول العربيـة والتواصل مع شـعوبها. لكنـه لا شـك أنّ اللغـة الإنجليزيـة أصبحـت لغـة عالميـة يتواصـل بهـا النـاس فـي كل أنحـاء العالـم. فهـي لغـة التجـارة والاقتصـاد، ولغـة العلـم والتكنولوجيـا، ولغـة الأغانـي والأفـلام والثقافـة العصريـة بشـكل عـام. لا يمكـن إنـكار أنّ هنـاك فوائـد مـن تعلـم لغـات أجنبيـة، ومـن بينهـا تعزيـز مهـارات التواصـل والقـدرة علـى رؤيـة العالـم مـن وجهـات نظـر مختلفـة، والتعاطـف مـع الآخريـن المختلفـين، لكـن هنـاك مجـالات أهـم مـن اللغـة بكثيـر. علينـا أن نرتـب أولوياتنـا بشـكل صحيـح، وأول خطـوة لذلـك هـي التمييـز بـين الرغبـات والاحتياجـات. إن ترتيـب الأولويـات مـن أهـم المهـارات التـي يجـب أن يكتسـبها الطـلاب اسـتعدادًا للحيـاة العمليـة.

5. Answer the questions.

أ) ما القرار الذي اتخذته الجامعة، وما السبب؟
ب) كيف رد بعض الطلاب على هذا القرار؟
ج) لماذا يريد الطلاب دراسة اللغة العربية؟
ح) ما بعض الفوائد من دراسة اللغة؟
خ) ما رأي الكاتب في الموضوع؟
د) هل تتفقون معه أم لا، ولماذا؟

Vocabulary and Expressions مفردات وعبارات

6. Study the following words. In what context is each one used in the text?

to rush into	أقبل على
to limit	حدّ، يحدّ، الحدّ من
expense	تكلَفة ج تكاليف
to benefit from	استفاد من
to protest	احتجّ على
to influence	أثّر في
to communicate	تواصَل
to contribute	ساهم في
to strengthen	عزّز

7. Fill in each space with a word from the table above. Discuss two statements.

أ) تعلم اللغة الأجنبية .... مهارت التواصل مع الناس.
ب) الأحداث السياسية .... في اختيارات الطلاب الأكاديمية.
ت) إن .... تعليم اللغات عالية والنتيجة غير مضمونة.
ث) .... بعض الطلاب على تعلم العربية لأنها لغة غريبة.
ج) لا .... الطلاب من دراسة اللغات في الفصول الجامعية.

8. Give an example for each of the following.

أ) الأزمة المالية الشديدة
ب) أمر مستحيل
ت) مواقع التواصل الاجتماعي
ث) أزمة اللاجئين
ج) مهارات التواصل

9. Fill in each space with the appropriate preposition.

أ) الطلاب الذين احتجوا .... قرار الإدارة ليسوا على حق.
ب) الشخص الذي يبحث ...... العمل في شركة كبيرة يجب أن يتكلم لغة أجنبية.
ت) يساهم تعلم اللغة العربية ...... تعزيز القدرة على التواصل بشكل عام.
ث) يشير البعض ...... أهمية التركيز في دراسة العلوم وليس اللغات.
ج) الشخص الذي يدرس اللغات يقدر ...... فهم وجهات نظر مختلفة.

10. Study the following expressions. In what context is each one used in the text?

to make a decision	اتّخذ القرار
to launch a campaign	أطلق حملة
there is no doubt that	لا شك أنّ
it is undeniable that	لا يمكن إنكار أنّ
point of view	وجهة نظر

11. Fill in each space with an expression from the table above. Discuss two statements.

أ) يساهم تعلم اللغة الأجنبية في رؤية العالم من .... مختلفة.
ب) الطلاب الذين .... ضد قرار الجامعة ليسوا على حق.
ت) .... تكاليف تعليم اللغات عالية والنتيجة غير مضمونة.

ث) .... ترتيب الأولويات مهارة مهمة من أجل النجاح في الحياة.
ج) هذه الجامعة .... السليم من أجل الحد من الأزمة المالية.

Verbs and Verb Forms أفعال وأوزان

12. Review verb form IV and complete the chart below.

اسم المفعول	اسم الفاعل	المصدر	المضارع	الماضي	الوزن
				دَخَلَ	I
				أَدْخَلَ	IV

13. Complete each statement below with the given verb or its *masdar*.

أ) لا يستطع أحد أن .... أنّ التعلم باللغة الأجنبية صعب. — أنكر
ب) القرار بـ .... أقسام اللغات الأجنبية أغضب بعض الطلاب. — أغلق
ت) لا أعتقد أن .... حملة على تويتر فكرة جيدة. — أطلق
ث) الكثير من الناس .... كلمات أجنبية في الكلام العربي. — أدخل
ج) .... الطلاب على تعلم الإنجليزية لأنها مهمة للعمل. — أقبل
ح) قضية التعريب تثير جدل في وسائل .... — أعلم

14. Use the active participle of the given verb to complete the sentence. Discuss.

أ) عدم الاهتمام بدراسة اللغات الأجنبية شيء .... جدًا. — أحزن
ب) عندما نتواصل باللغة الأجنبية أحيانًا نقول أشياء .... — أضحك
ت) خبر افتتاح قسم اللغات الشرقية في الجامعة خبر .... — أفرح
ث) بالنسبة للبعض التواصل بلغة لا يعرفونها جيدًا شيء .... — أقلق

Language Functions وظائف لغوية

Talking about the purpose of an action

You can talk about the purpose of an action using:

a) من أجل followed by a noun or a phrase, meaning "to," or "in order to."

followed by a noun/phrase ← من أجل

We study **in order to** communicate with Arabs.	ندرس **من أجل التواصل** مع العرب.
She works here **to** help others.	تعمل هنا **من أجل مساعدة** الآخرين.

b) مِن أجل أنْ followed by a subjunctive verb, meaning "to," "in order to."

followed by a subjunctive verb ← من أجل أنْ

We study **in order to** communicate with Arabs.	ندرس **من أجل أن نتواصل** مع العرب.
She works here **to** help others.	تعمل هنا **من أجل أن تساعد** الآخرين.

c) المفعول لأجله, the construction that literally means "the thing for the sake of which the action is done." It is an indefinite *masdar* in the accusative case (المنصوب), and it explains the reason for the main action in the sentence.

an indefinite *masdar* in the accusative case that explains the reason

They left **in order to protest** the decision.	خرجوا **احتجاجًا** على القرار.
She entered **in orwder to** ask for help.	دخلت **طلبًا للمساعدة**.

Notice that the *masdar* of a transitive verb (that is, a verb which transfers its action to an object) must be followed by the preposition لـ.

She entered **in order to** ask for help.	طلب المساعدة ← دخلت **طلبًا للمساعدة**.
He writes **to** facilitate communication.	سهّل التواصل ← يكتب **تسهيلًا للتواصل**.

15. Find the above structures in the text and highlight them. Translate the sentences in which they appear into English.

16. Fill in the spaces with the appropriate construction. Discuss.

أ) لن يستفيد أحد من الحملة التي أطلقها الطلاب .... على قرار إدارة الجامعة.

ب) معظم الطلاب يدرسون العربية .... يحصلوا على وظيفة في وزارة الخارجية.

ت) كثير من الطلاب يدرسون العربية .... الحصول على فرصة عمل في الخليج.

ث) المتكلمون بالإنجليزية لا يحتاجون إلى تعلم أي لغة أجنبية .... التواصل مع الناس.

ج) لا ينجح في تعلم اللغة العربية إلا الطلاب الذين يتعلمونها .... عن أصدقاء جدد.

ح) لا يمكن الإنكار أننا يجب أن نرتب الأولويات .... النجاح في الحياة العملية.

خ) يجب أن نميز بين الرغبات والاحتياجات .... نرتب أولوياتنا بشكل صحيح.

د) اللغة العربية من أصعب لغات العالم ويحتاج الشخص إلى عشر سنين .... يتعلمها.

Role-Playing لعب الأدوار

Work with a partner to do the following role-play.

دور ب	دور أ
تعتقد/تعتقدين أنّ تعلم اللغة الأجنبية مهم جدًا.	تعتقد/ تعتقدين أنّ تعلم اللغة الأجنبية تضييع للوقت.

Useful expressions

Agreeing

I am with you.	أنا معك.
I totally agree with you.	أتفق معك تمامًا.

Disagreeing politely

With all due respect . . . — مع احترامي، فإن . . .

This is right but . . . — هذا صحيح لكن . . .

Strongly disagreeing

I do not agree with you at all. — لا أتفق معك أبدًا.

I totally disagree with you. — أختلف معك تمامًا.

Writing كتابة

17. Respond to the following prompt.

تستعد الجامعة التي تدرسون فيها لمناقشة اقتراح إغلاق أقسام اللغات الاجنبية في الجامعة. حسب النظام الحالي فإن جميع الطلاب يجب أن يدرسوا لغة أجنبية لمدة سنتين على الأقل. اكتبوا مقالة لجريدة الطلبة حول هذه القضية. قسموا الفصل إلى مجموعتين. المجموعة أ: أنتم تتفقون مع فكرة إغلاق أقسام اللغات الأجنبية وستكتبون مقالة تؤيد الاقتراح. المجموعة ب: أنتم تعارضون الاقتراح بإغلاق أقسام اللغات الأجنبية وستكتبون مقالة تشرح الأسباب لرفض هذا الاقتراح.

Use the following structures and expressions in your writing:

أ) من أجل/ من أجل أن/ المفعول لأجله

ب) لا شك أنّ تعليم اللغات ترف وليس ضرورة/ ضرورة وليس ترفًا.

ت) بينما لا يمكن الإنكار أنّ . . . فإن . . .

ث) تعزيز مهارات التواصل/التفاهم

ج) القدرة على رؤية العالم من وجهات نظر مختلفة

Up for Discussion مطروح للنقاش

18. Discuss the following scenario.

تنظر الجامعة التي تعملون فيها في اقتراح بإغلاق جميع أقسام اللغات الاجنبية في الجامعة. ويقوم الاقتراح على فكرة أن دراسة اللغات تستغرق وقتًا طويلًا، وأن الطلاب لا يتعلمون كثيرًا داخل الفصل وإنما يجب أن يسافروا إلى بلد حيث يتكلم الناس اللغة التي يريدون تعلمها. قسموا الفصل إلى مجموعتين، المجموعة الأولى مع الاقتراح، اما المجموعة الثانية فهي ضد الاقتراح. الهدف من المناقشة هو التوصل إلى اتفاق حول مستقبل تعليم اللغات الأجنبية في جامعتكم.

Discussion 2: Should Sciences Be Taught in English or Arabic?

النقاش الثاني: هل يجب تدريس العلوم بالإنجليزية أم العربية؟

Language in Focus

- Giving reasons for an action
- Talking about outcomes for an action

Structures and Connectors

- هذا يعود إلى، المفعول لأجله
- هذا يؤدي إلى، وبالتالي فإن

Introduction مقدمة

1. Work with a partner. Talk about the following:

- تجاربكم في تعلم العلوم
- التعلم باللغة الأجنبية

2. What could be the reason for the following issue?

تقوم الجامعات في الدول العربية بتدريس العلوم بشكل عام، والطب والهندسة بشكل خاص، باللغة الإنجليزية أو الفرنسية وليس باللغة العربية. يدعو البعض إلى تعريب العلوم، ومصطلح التعريب يعني تغيير لغة التدريس من اللغة الأجنبية إلى اللغة العربية. تثير الدعوة إلى تعريب العلوم جدلا واسعًا في جميع الدول العربية ولها الكثير من المؤيدين والمعارضين.

3. Read the paragraph below. What is the main idea? Ask two questions about it.

مجمع اللغة العربية الأردني مؤسسة علمية بحثية مقرها في العاصمة الأردنية عمّان، والهدف منها المحافظة على اللغة العربية وتطويرها والتشجيع على استخدامها في جميع مجالات المعرفة الإنسانية. ويهتم المجمع بشكل خاص بتعريب العلوم والمصطلحات العلمية الجديدة التي تدخل اللغة العربية. مجمع اللغة العربية الأردني عضو في اتحاد المجامع اللغوية العربية التي تضم أكثر من عشرة مجامع في مختلف الدول العربية.

Reading قراءة

4. Read the text.

تعريب الطب بين مؤيد ومعارض

دُعا مجمع اللغة العربية الأردني إلى تعريب الطب في الجامعات الأردنية التي تُدرَّس فيها الآن جميع المواد العلمية باللغة الإنجليزية. وأكد المجمع أنه قام في السنوات الأخيرة بترجمة عدد كبير من الكتب العلمية والطبية إلى اللغة العربية سعيًا إلى استخدامها في التدريس وإيمانا منه بأن تعريب التعليم الجامعي سيؤدي إلى رفع المستوى العلمي العام في البلاد. كما أشار المجمع إلى أن الجامعة الأردنية عندما تأسست في عمان عام ١٩٦٢ كان التدريس في كلياتها الأدبية بالعربية، ولكن عندما أنشأت كليات أخرى، أصبحت اللغة الإنجليزية لغة التدريس في جميع الكليات العلمية والطبية والهندسية، أسوةً بما هو متبع في غيرها من الجامعات العربية في المشرق العربي.

وأثارت الدعوة لتعريب الطب جدلا واسعًا في المجتمع الأردني بين مؤيد

ومعارض. يقول المؤيدون إن العلوم الطبية يجب أن تدرس باللغة الأم تسهيلا للدراسة وضمانا لنجاح الطلاب. فلا شك أن فشل العديد منهم يعود أساسًا إلى مشكلة اللغة، لأن الطالب الذي لا يتقن الإنجليزية غير قادر على فهم دروسه، وبالتالي فإنه يجب أن يبذل مجهودًا كبيرًا للترجمة وليس عنده وقت للتعمق في المادة العلمية. ثم إن الطالب اليوم سيكون طبيبًا غدًا، وبالتالي يجب أن يدرس بالعربية حتى يستطيع أن يتواصل مع مرضاه بشكل طبيعي. أخيرًا وليس آخرًا، يجب أن يكون التعليم باللغة الأم احترامًا للثقافة الوطنية وحماية لهوية الشباب.

في المقابل، يرى المعارضون أن تعريب الطب سيهدد مستوى الطلاب العلمي وبالتالي سيعرض مستقبلهم للخطر. فالكتب التعليمية العربية ليست على نفس مستوى الكتب الأجنبية والمناهج المحلية لتدريس العلوم التقليدية وتعتمد على حفظ المعلومات، في حين تستخدم المناهج الأجنبية استراتيجيات التدريس الحديثة. الطلاب الذين لا يتقنون الإنجليزية لن يستطيعوا أن يتابعوا الأبحاث العلمية العالمية لأنها تنشر باللغة الإنجليزية، وبالتالي فإنهم لن يتمكنوا من الالتحاق بالجامعات الغربية لمواصلة دراستهم. هناك أيضا مشكلة الأساتذة الذين درسوا بالإنجليزية ولا يعرفون المصطلحات العلمية العربية. إن الإنجليزية هي لغة العصر ويجب التدريس بها حماية لمصلحة الطلاب وضمانا لمستواهم العلمي.

5. Answer the questions.

أ) ما القضية وما أسبابها؟
ب) ما رأي المؤيدين، ولماذا؟
ت) ما رأي المعارضين، ولماذا؟
ث) مع من تتفقون، ولماذا؟

Vocabulary and Expressions مفردات وعبارات

6. Study the following words. In what context is each one used in the text?

subject	مادّة ج موادّ
to strive	سعى، يسعى، السَعْي
to lead to; bring about	أدّى إلى
to support	أيّد
to oppose	عارض
to be able to	قدر، يقدر، القُدْرة على
to protect	حَمى، يحمي، الحماية
to threaten	هدّد
curriculum	منهج ج مناهج

7. Fill in each space with a word from the table above. Discuss two statements.

أ) تعلم الطب باللغة الأجنبية .... مستقبل الطلاب.
ب) الطبيب الذي لا .... التواصل مع مرضاه فاشل.
ت) .... بعض الناس التعريب حماية لهوية الشباب.
ث) .... التدريس الحديثة لا تعتمد على حفظ المعلومات.
ج) التعليم بالإنجليزية .... إلى عدم احترام الثقافة الوطنية.

8. Rank the following according to their importance for success in school. Explain.

إتقان لغة التدريس – مناهج التدريس الحديثة – الكتب التعليمية الممتازة – أسلوب التدريس

9. Fill in each space with the appropriate preposition. Discuss.

أ) مجمع اللغة العربية يسعى .... تعريب العلوم، خاصة الطب.
ب) التعمق .... المواد العلمية يضمن النجاح في الحياة.
ت) التعليم باللغة الأجنبية يؤدي .... فقدان الهوية عند الطلاب.
ث) الحفاظ .... التراث الوطني يعتبر من أهم أهداف التعليم.
ج) خريج الجامعة يجب أن يكون قادرًا .... التواصل مع ثقافات مختلفة.

10. Study the following expressions. In what context is each one used in the text?

as is done in	أُسْوة بما هو مُتّبع في
to stir up a big debate	أثار جدلًا واسعًا
to make a great effort	بذل مجهودًا كبيرًا
last but not least	أخيرًا وليس آخرًا
on the other hand	في المقابل

11. Fill in each space with an expression from the table above. Discuss two statements.

أ) تعريب العلوم قضية .... في كل الدول العربية.
ب) الطب في الأردن يدرس بالإنجليزية .... في الدول العربية الأخرى.
ت) الطالب الذي لا يتقن اللغة يجب أن .... لترجمة الدروس.
ث) هناك أسباب علمية وأسباب سياسية للتعريب، .... هناك أسباب ثقافية.
ج) يركز المؤيدون على تسهيل التعليم، و .... يركز المعارضون على التواصل مع العالم.

Verbs and Verb Forms أفعال وأوزان

12. Review verb forms II and V and complete the chart below.

الوزن	الماضي	المضارع	المصدر	اسم الفاعل	اسم المفعول
II	علّم				
V	تعلم				

13. Complete each statement below with the appropriate verb.

أ) طرق التدريس .... كثيرًا بعد ظهور التكنولوجيا الحديثة. (غيّر - تغيّر)
ب) الجامعة يجب أن .... لغة التدريس من الإنجليزية إلى العربية. (غيّر - تغيّر)
ت) الأستاذ الذي .... بالانجليزية لا يستطيع أن .... بالعربية. (علّم - تعلّم)
ث) يريد الطلاب أن .... العلوم باللغة الإنجليزية لأنها لغة العلم. (علّم - تعلّم)
ج) من اللازم أن .... الجامعات مناهج جديدة لتعليم العلوم. (طور- تطور)
ح) طريقة تدريس العلوم .... كثيرًا في السنوات الأخيرة. (طور- تطور)

Language Functions وظائف لغوية

Giving reasons

The following structures can be used to talk about the reason for an action.

a) يعود إلى can be used to mean "is due to."

followed by a noun/phrase ← يعود إلى

The verb عاد، يعود has different meanings, depending on the context. Consider the following examples.

I **return** home after class.	**أعود إلى** البيت بعد الفصل.
This book **dates to** the fifteenth century.	هذا الكتاب **يعود إلى** القرن الخامس عشر.

Foreign education **is due to** colonialism.	التعليم الأجنبي **يعود إلى** الاستعمار.

b) المفعول لأجله, which is an indefinite *masdar* in the accusative case (المنصوب), can be used to explain the reason for the main action in the sentence.

an indefinite *masdar* that explains the reason

They are teaching in MSA **out of fear** over its future.	يدرسون بالفصحى **خوفًا** على مستقبلها.
We are learning Arabic **out of a desire** to communicate with Arabs.	نتعلم العربية **رغبةً** في التواصل مع العرب.

Notice that المفعول لأجله may translate either as a cause (meaning "out of," or "because") or a purpose (meaning "in order to," or "for the sake of") of an action. This depends on the meaning of the verb and the context. Consider the following examples.

We are teaching in Arabic **out of love** for it. (reason)	ندرّس بالعربية **حبًا** لها.
We are teaching in Arabic **in order to preserve** it. (purpose)	ندرس بالعربية **حفاظًا** عليها.

Talking about outcomes

To talk about the outcomes or consequences of an action or a situation, we can use the following.

a) وبالتالي فإن the connector which means "consequently."

followed by a nominal sentence ← وبالتالي فإن

He is learning in Arabic; **consequently**, he will succeed.	يدرس بالعربية، **وبالتالي فإنه** سينجح.

b) أدّى إلى the verb which means "to lead to," or "to bring about."

followed by a noun/phrase ← أدّى إلى

Teaching in English **leads to** failure in studies.

التعليم بالإنجليزية **يؤدي إلى** الفشل في الدراسة.

Notice that the verb أدى إلى means "to lead to something," "to cause," or "bring about." It does not mean "to lead, guide, or direct," like the verb قاد، يقود

14. Find the above structures in the text and highlight them. Translate the sentences in which they appear into English.

15. Fill in the spaces with the appropriate construction. Discuss.

أ) بعض الطلاب يفشلون في الدراسة وهذا .... عدم إتقانهم للإنجليزية.
ب) الترجمة تحتاج إلى الوقت .... الطالب ليس عنده وقت للتعمق في المادة العلمية.
ت) تعليم العلوم بالإنجليزية .... أهمية هذه اللغة في مجال الأبحاث العلمية.
ث) الطبيب يجب أن يتواصل مع المرضى بلغتهم......... الطلاب يجب أن يدرسوا بالعربية.
ج) مشكلة الأساتذة .... حقيقة أنهم درسوا بالإنجليزية ولا يعرفون المصطلحات العربية.
ح) يعتقد البعض أن التعليم بالعربية .... فشل الطلاب في الدراسة في الخارج.
خ) المناهج العربية تعتمد على حفظ المعلومات .... فإنها ليست مناسبة لطلاب الطب.
د) مشكلة المناهج العربية .... حقيقة أنها لا تشجع على طرح الأسئلة بل تركز على المعلومات.

16. Complete the sentences below with المفعول لأجله of the given verb and the appropriate preposition.

أ) التعلم باللغة الأجنبية صعب وبالتالي يدعو البعض للتعريب .... الدراسة. سهّل
ب) يقوم مجمع اللغة العربية بترجمة الكتب التعليمية الإنجليزية .... استخدامها في التدريس. سعى
ت) يطالب البعض بتعريب العلوم .... حل لمشكلة الطلاب الذين لا يتقنون اللغة. بحث
ث) يطالب الآخرون بالتدريس بالإنجليزية .... مستقبل الشباب. خاف
ج) يدرس الطلاب الطب .... مساعدة المرضى. رغب

Role-Playing لعب الأدوار

17. Work with a partner to do the following role-play.

دور ب	دور أ
تعتقد/تعتقدين أن نظام التعليم في بلدكم سيء جدًا. قدم/قدمي أسبابًا تؤيد رأيكم.	تعتقد/تعتقدين أن نظام التعليم في بلدكم ممتاز. قدم/قدمي أسبابًا تؤيد رأيكم.

Useful expressions

To express certainty

There is no doubt that ...	لا شكّ أنّ . . .
It is indisputable that ...	لا يمكن الإنكار أنّ . . .

To express uncertainty

It seems to me that ...	يبدو لي أنّ . . .
It could be said that ...	يمكن القول إنّ . . .

To list points

First, second, last but not least	أولاً، ثانيًا، أخيرًا وليس آخرًا

Writing كتابة

18. Respond to the following prompt:

لقد قرأتم الإعلان التالي وتريدون الاستجابة لما جاء فيه.

إعلان الجمعية المصرية للتعريب

مشروع تعريب التعليم والعلوم والمعارف
تعمل الجمعية المصرية للتعريب على تعريب العلوم والتعليم منذ عقدين من الزمن إيمانًا منها بأن تعريب التعليم الجامعي هو الطريق الوحيد لتحقيق التقدم العلمي والتقني في أمتنا العربية. ونأمل أن يتعاون معنا أصدقاؤنا الأجانب من كل أنحاء العالم بإرسال اقتراحاتهم بالكتب التي يجب ترجمتها إلى اللغة العربية. ونرجو أن يتضمن الاقتراح وصفًا موجزًا للكتاب المقترح وأسباب اختيار هذا الكتاب بالذات، إضافة إلى النتائج المتوقعة لاستخدام هذا الكتاب في التعليم في الجامعات العربية.

Include the following structures and expressions in your writing.

أ) من أجل/من أجل أن/المفعول لأجله
ب) هذا يعود إلى/هذا يؤدي إلى/وبالتالي فإن
ت) أولا، ثانيًا، أخيرًا وليس آخرًا
ث) أسوة بما هو متّبع في . . .
ج) يرى البعض أن . . . وفي المقابل يرى الآخرون أنّ . . .

Up for Discussion مطروح للنقاش

19. Discuss the following scenario.

حصلت الجمعية المصرية للتعريب التي تسعى إلى تعريب التعليم في الجامعات المحلية على عدد من الاقتراحات من الطلاب الأجانب بالكتب التي يجب ترجمتها إلى اللغة العربية. الجمعية تستطيع أن تموّل ترجمة ثلاثة كتب فقط في هذا الفصل الدراسي، ولذلك فقد دعت جميع الطلاب الذين تقدموا باقتراحاتهم للمشاركة في اجتماع من أجل اختيار الكتب الثلاثة. قبل المناقشة العامة سيقوم كل طالب بتقديم الكتاب الذي اختاره وشرح الأسباب التي تجعله كتابًا مهمًا للطلاب في مصر.

الهدف من المناقشة هو التوصل إلى اتفاق حول ثلاثة كتب يجب ترجمتها الآن.

Discussion 3: Should Antiquities Be Repatriated?

النقاش الثالث: هل يجب إعادة الآثار إلى مواطنها الأصلية؟

Language in Focus

- Explaining
- Providing background information

Structures and Connectors

- فـ، فإن /فقد + الفعل الماضي
- كان قد فعل

Introduction مقدمة

1. Work with a partner. Ask each other questions about:

- الآثار الفرعونية
- المتاحف العالمية

2. Are the following statements true? Explain.

أ) كل الآثار الفرعونية خرجت من مصر بطريقة غير شرعية.
ب) المتاحف العالمية تعرض بعض الآثار المصرية المسروقة.
ت) مصر تريد أن تستعيد الآثار الفرعونية الموجودة في الخارج.
ث) الدول الغربية تستفيد من الآثار المصرية المعروضة في متاحفها.

3. Read the paragraph below. What is the main idea? Ask two questions about it.

في متحف الفنون الجميلة في بوسطن مجموعة كبيرة من آثار مصر الفرعونية، ومن بينها تمثال للأمير عنخ حاف، مهندس الهرم الثاني في الجيزة (تقريبًا ٢٥٢٠ - ٢٤٩٤ ق. م). يعتبر تمثال عنخ حاف من التماثيل النادرة والفريدة في الفن الفرعوني. وكانت بعثة علماء الآثار الأمريكيين قد اكتشفته في أثناء التنقيب عن الآثار في الجيزة عام ١٩٢٥ ونقلته إلى متحف الفنون الجميلة ببوسطن في عام ١٩٢٧ حيث يعرض حتى الآن.

Reading قراءة

4. Read the text.

إلى متى؟

أعلنت وزارة الآثار المصرية القرار بوقف التعاون مع متحف الفنون الجميلة في بوسطن اعتراضًا على رفض المتحف إعادة تمثال عنخ حاف إلى مصر. وكانت الوزارة قد طالبت المتحف بإعادة التمثال لأنه، حسب رأيها، أحد التماثيل التي أخرجت من مصر بطريقة غير شرعية. وأكد بيان الوزارة أن متحف بوسطن رفض الاستجابة للطلب المصري المشروع وأنه بذلك قد خالف الاتفاقية التي وقعت عليها جميع المتاحف العالمية عام ٢٠٠٢، والتي تلزم المتاحف بإعادة القطع الأثرية المسروقة والمهربة إلى مواطنها الأصلية. وقد أثار قرار الوزارة جدلًا واسعًا في كل من مصر والولايات المتحدة، كما أعاد إلى الأذهان قضية الآثار المصرية الموجودة في الخارج بشكل عام.

وجدير بالذكر أنّ الآثار الفرعونية كانت تُسرق وتهرّب منذ العصور القديمة، لكن بعضها أخرج من مصر بطرق قانونية. فقد اشتراها أغنياء العالم لأن

القانون المصري كان يسمح ببيع الآثار حتى أواسط القرن العشرين. وأهدى حكام مصر بعض الآثار إلى رؤساء وملوك الدول الأجنبية، كما هو الحال مع المسلات في لندن وباريس ونيويورك. لكن أجمل الآثار وأكثرها قيمة خرجت من البلد بموجب قانون الآثار المعروف بنظام القسمة. فقد سمح هذا القانون الذي يعود إلى عهد الاستعمار لبعثات علماء الآثار الأجانب بالحصول على نصف الآثار المكتشفة وإخراجها من مصر بشرط ألا تكون تلك القطع فريدة ونادرة.

استفادت بعثة علماء الآثار من جامعة هارفارد ومتحف الفنون الجميلة في بوسطن من القوانين الاستعمارية. فإن متحف بوسطن يتضمن أجمل مجموعة من القطع الفرعونية الموجودة خارج مصر، ومن بينها تمثال عنخ حاف. لا يختلف اثنان على أنّ التمثال نادر وفريد. فقد خرج النحّات عن قواعد النحت الكلاسيكية وجعله واقعيًا كما لو كان شخصًا حيًا. وبالرغم من الجهود التي تبذلها الحكومة المصرية من أجل استعادة آثارها من الخارج، فإن معظم المتاحف العالمية لا تستجيب لطلباتها، أو تعيد لها فقط بعض القطع غير القيمة. وهكذا لا تزال الدول المتقدمة تستفيد من الآثار المصرية بمليارات الدولارات بينما تعاني مصر من مشاكل اقتصادية. والسؤال الذي يطرح نفسه هو: إلى متى؟

5. Answer the questions.

أ) ما هو قرار وزارة الآثار، ولماذا اتّخذته؟
ب) كيف خرجت الآثار الفرعونية من مصر؟
ت) ما قصة تمثال عنخ حاف؟
ث) ما رأي الكاتبة في هذه القضية؟
ج) هل تتفقون مع رأي الكاتبة أم لا، ولماذا؟

Vocabulary and Expressions مفردات وعبارات

6. Study the following words. In what context is each one used in the text?

to object to	اعترض على
to return (something)	أعاد
to retrieve	استعاد
to comply with	استجاب لـ
to benefit from	استفاد من
to smuggle	هرّب
to gift	أهدى
to suffer from	عانى من
to cooperate	تعاون

7. Fill in each space with a word from the table above. Discuss two statements.

أ) المتاحف العالمية يجب أن .... للمطالب المصرية المشروعة.
ب) ليس من حق أي حاكم أن .... آثار بلده إلى أحد.
ت) لن تستطيع مصر أن .... كل الآثار المسروقة والمهربة.
ث) لا تزال الدول الغربية .... من الآثار المصرية في متاحفها.
ج) قرار الوزارة ليس جيد لأن .... مع متحف بوسطن مهم لمصر.

8. Rank the following from bad to worse. Explain.

سرقة الآثار - تهريب الآثار - إهمال الآثار - إهداء الآثار - بيع الآثار

9. Fill in each space with the appropriate preposition.

أ) كان القانون يسمح للبعثات الأجنبية .... إخراج الآثار من مصر.
ب) المتاحف الدولية لا تستجيب ..... طلبات المصرية المشروعة.
ت) مصر لا تطالب .... الآثار التي خرجت من البلد بطريقة غير شرعية.
ث) وزارت الآثار اعترضت ...... رفض متحف بوسطن إعادة التمثال.
ج) الدول المتقدمة تستفيد .... وجود الآثار المصرية في متاحفها.

10. Study the following expressions. In what context is each one used in the text?

to bring to mind	أعاد إلى الأذهان
as is the case with	كما هو الحال مع
it is worth mentioning that	جدير بالذكر أنّ
it is indisputable that	لا يختلف اثنان على أنّ
in accordance with (a law)	بموجب . . .

11. Fill in each space with an expression from the table above. Discuss two statements.

أ) قضية تمثال عنخ حاف .... قضية تمثال الملكة نفرتيتي.
ب) .... بعض الآثار خرجت من مصر بطرق قانونية.
ت) .... الآثار المسروقة يجب أن تعود إلى بلدها الأصلي.
ث) المسلة في باريس كانت هدية .... مع المسلة في لندن.
ج) كثير من الآثار خرج من مصر .... القانون الاستعماري.

Verbs and Verb Forms أفعال وأوزان

12. Review verb forms IV and X and complete the chart below. Use each verb in a sentence.

اسم المفعول	اسم الفاعل	المصدر	المضارع	الماضي	الوزن
				أخرج	IV
			يستخرج		X

13. Complete each statement below with the appropriate verb.

أ) المصريون .... من بقاء الآثار في المتاحف العالمية. (أفاد – استفاد)
ب) الآثار في العواصم العالمية .... عددًا أكبر من الناس.(أفاد – استفاد)
ت) مصر يجب أن .... كل آثارها من الخارج. (أعاد – استعاد)
ث) لا يجب على المتاحف الغربية أن .... الآثار المصرية أبدًا.
(أعاد – استعاد)
ج) يجب إلغاء الاتفاقية الدولية التي .... المتاحف بإعادة الآثار المهربة.
(ألزم – استلزم)
ح) إعادة الآثار ليست فكرة عملية لأنها .... كثيرًا من الأموال.
(ألزم – استلزم)

Language Functions وظائف لغوية

Explaining and elaborating

Adding detail is important for supporting opinions and helping your reader or listener make connections between ideas. Here are some connectors and linking phrases used to signal an explanation or elaboration.

a) The connectors فـ and فـإن, which mean "then," "and then," or "and so," are the most frequently used connectors to signal explanation.

followed by a nominal sentence ← فـ/فإن

Not all the antiquities were taken out of Egypt in illegal ways; there are antiquities that the Antiquities Authority sold in the past.

لم تخرج كل الآثار بطرق غير شرعية. **فهناك** آثار باعتها هيئة الآثار في الماضي.

Museums worldwide do not respond to the Egyptian requests; some ignore them while others return monuments that are not valuable.

لا تستجيب المتاحف العالمية للطلبات المصرية. **فإن** بعضها يتجاهلها وبعضها يعيد آثارًا غير قيمة.

Notice that there is no corresponding connector in the English translation; the relation between the statements is understood from the context alone.

b) The connector فقد, when used at the beginning of a sentence, before a past tense verb, signals an elaboration of the preceding statement.

at the beginning of a new sentence and followed by a past tense verb ← فقد

Some antiquities were taken out in accordance with the Rule of Division. This law allowed the excavating teams to take half of the treasures they discovered.

بعض الآثار خرجت بموجب نظام القسمة. **فقد** كان القانون يسمح للبعثات بالحصول على نصف الآثار التي اكتشفتها.

The Museum of Fine Arts in Boston (MFA) owns the most beautiful collection outside of Egypt. The excavating team, which was comprised of archaeologists from Harvard University and the MFA, worked on excavating monuments for fifty years.

يملك متحف بوسطن أجمل مجموعة خارج مصر. **فقد** قامت البعثة من علماء آثار هارفارد والمتحف باستخراج الآثار لمدة خمسين سنة.

The connector فقد can have different meanings in different contexts. Consider the following examples.

1) Elaboration: فقد at the beginning of the sentence followed by الفعل الماضي

The Museum of Fine Arts in Boston (MFA) owns the most beautiful collection outside of Egypt. (Explanation) The excavating team, which was comprised of archaeologists from Harvard University and the MFA, worked on excavating monuments for fifty years.	يملك متحف بوسطن أجمل مجموعة خارج مصر. **فقد** قامت البعثة من علماء آثار هارفارد والمتحف باستخراج الآثار لمدة خمسين سنة.

2) Probability: فقد followed by الفعل المضارع

The Museum of Fine Arts in Boston owns the most beautiful collection outside of Egypt. (ف = so; المضارع + قد = perhaps) Visitors might find the large number of rare sculptures strange.	يملك متحف بوسطن أجمل مجموعة خارج مصر. **فقد يستغرب** الزائر الكمية الكبيرة من التماثيل النادرة.

3) Introduction: In a sentence that starts with the connector أما (as for), فقد introduces the main verb.

The Museum of Fine Arts in Boston owns the most beautiful collection outside of Egypt. As for the British Museum, it obtained the most famous pieces.	يملك متحف بوسطن أجمل مجموعة خارج مصر. **أما** المتحف البريطاني **فقد** حصل على أكثر القطع شهرة.

Introducing background information

The following expressions and constructions are used to introduce background information that the reader or listener needs to understand the main idea or story.

a) The expression جدير بالذكر أنّ, which means "it is worth mentioning that," is always followed by a nominal sentence.

جدير بالذكر أنّ ← followed by a nominal sentence

The Museum of Fine Arts in Boston (MFA) possesses a lot of Egyptian antiquities. **It is worth mentioning** that the Harvard–MFA excavating mission worked in Giza for fifty years.

يمتلك متحف الفنون الجميلة في بوسطن الكثير من الآثار المصرية. **وجدير بالذكر أن** البعثة من جامعة هارفرد ومتحف الفنون الجميلة في بوسطن عملت في الجيزة لمدة خمسين سنة.

The obelisk is considered a symbol of the Egyptian civilization. **It is worth mentioning** that many obelisks are outside of Egypt now.

تعتبر المسلة رمزًا من رموز الحضارة المصرية. **وجدير بالذكر** أن العديد منها الآن خارج مصر.

b) The past perfect tense وكان (قد) + الفعل الماضي
The past perfect tense indicates that an action was completed in the past before something else happened. It is often used to provide background information that helps us understand the current situation.

وكان (قد) + الفعل الماضي

The Ministry of Antiquities announced the ceasing of its cooperation with the Museum of Fine Arts in Boston (MFA). The ministry **had (previously) demanded** the MFA to return the statue.

أعلنت وزارة الثقافة وقف التعاون مع متحف الفنون الجميلة في بوسطن. **وكانت الوزارة قد طالبت المتحف** بإعادة التمثال.

Tutankhamun is the most famous archeological discovery. The British archaeologist Howard Carter **discovered** his tomb in 1923.

توت عنخ أمون أشهر اكتشاف أثري. **وكان** عالم الآثار البريطاني هاورد كارتر **قد اكتشف** مقبرته عام ١٩٢٣.

The particle قد is optional in this construction; its use does not affect the meaning and it is only a stylistic preference.

14. Find the above structures in the text and highlight them. Translate the sentences in which they appear and translate them into English.

15. Fill in the spaces with the appropriate connector: فإن or فقد.

تعتبـر المسـلة رمـزًا مـن رمـوز الحضـارة المصريـة القديمـة، لكـن معظـم المسـلات الآن موجـودة خـارج مصـر. .... هنـاك ثمانـي مسـلات فقـط فـي مصـر وحوالـي عشـرين فـي مختلـف بلـدان العالـم، ومـن بينهـا المسـلة الموجـودة فـي سـنترال بـارك بنيويـورك. جديـر بالذكـر أن هـذه المسـلة خرجـت مـن مصـر بطريقـة شـرعية. ..... أهداهـا الخديوي إسـماعيل إلـى الولايات المتحـدة فـي القـرن التاسـع عشـر. وتطالـب مصـر الآن باسـتعادة هـذه المسـلة بالرغـم مـن أنهـا خرجـت بطريقـة شـرعية. .... تآكلت المسـلة تمامًـا مـن آثـار الأمطـار والثلـوج ولـم تفعـل المدينـة شـيئًا لحمايتهـا مـن الطقـس. لا شـك أن مصـر يجـب أن تسـتعيد هـذه المسـلة. .... حمايـة الآثـار شـرط أساسـي للاحتفـاظ بهـا.

16. Use the past perfect to give background information to the given statement, like in the following example.

يعـرض تمثـال عنـخ حـاف فـي متحـف بوسـطن. وكانـت بعثـة علمـاء الآثـار الأمريكيـين قـد اكتشـفته فـي عـام ١٩٢٦ ونقلتـه إلـى مصـر.

أ) يجب أن تعيد المتاحف العالمية كل القطع المسروقة الموجودة فيها. ....

ب) يملـك متحـف بوسـطن أجمـل مجموعـة مـن القطـع الفرعونيـة خـارج مصـر. ....

ت) توجد بعض الآثار المصرية في بيوت الأغنياء في كل أنحاء العالم. ....

ج) هناك مسلة مصرية في الحديقة المركزية بنيويورك. ....

ح) تمثال الملكة نفرتيتي يُعرَض في المتحف الجديد ببرلين ....

Role-Playing لعب الأدوار

17. Work with a partner to do the following role-play.

دور ب	دور أ
تؤيد/تؤيدين بشدة المطالبة بإعادة الآثار إلى مصر.	تعارض/تعارضين بشدة المطالبة بإعادة الآثار إلى مصر.

Useful expressions

Soliciting opinion

What is your opinion on . . . ? ما رأيك في . . . ؟

What is your point of view on . . . ? ما وجهة نظرك حول . . . ؟

What is your stance on . . . ? ما موقفك من . . . ؟

Expressing opinion	
I believe that	أعتقد أنّ + الجملة الاسمية
In my humble opinion	في رأيي المتواضع
From my point of view	من وجهة نظري

Writing كتابة

18. Respond to the following prompt.

لقد قرأتم مقالة في إحدى الجرائد المصرية يطالب كاتبها بإعادة حجر رشيد إلى مصر. أنتم لا تتفقون مع الكاتب في رأيه وتريدون كتابة مقالة ردًا على الكاتب. في ما يلي مقتطف من المقالة التي قرأتموها.

مصر تطالب المتحف البريطاني بإعادة حجر رشيد

يجب أن يعيد المتحف البريطاني حجر رشيد إلى مصر. نحن لا نطالب باستعادة كل آثارنا ويمكننا أن نوافق على فكرة أن يحتفظ المتحف البريطاني بمئات الآلاف من القطع الفرعونية الأخرى الموجودة فيه بشرط أن يعيد لنا قطعة واحدة هي حجر رشيد. فإن حجر رشيد قطعة فريدة ونادرة وهي مفتاح لفهم الحضارة المصرية القديمة.

Include the following structures and expressions in your writing:

أ) فـ/فإن/فقد
ب) وكان (قد) + الفعل الماضي
ت) وجدير بالذكر أنّ
ث) أقول هذا اعتراضًا على المطالبة بإعادة حجر رشيد
ج) لا يختلف اثنان على أنّ

Up for Discussion مطروح للنقاش

19. Discuss the following scenario.

المتحف الأمريكي الذي تعملون فيه يعاني من مشاكل اقتصادية كبيرة. يحتاج المتحف إلى خمسين مليون دولار لتوسعة المبنى وتجديدات أخرى من أجل إحياء نشاطاته وجذب الزوار. في حالة عدم القيام بتلك التجديدات سيكون المتحف مضطرًا لفصل نصف موظفيه. ودعت الإدارة جميع العاملين إلى اجتماع لمناقشة القضيتين التاليتين.

١. حصل المتحف على عرض من رجل أعمال مشهور لبيع عدد من التماثيل الفرعونية بستين مليون دولار. وقال الرجل إنه يريد التماثيل لعرضها في

بيته. وكان المتحف قد حصل على تلك التماثيل بموجب نظام القسمة في أوائل القرن العشرين.

٢. طالبت مجموعة من أبناء قبيلة للأمريكيين الأصليين بإعادة التماثيل وبعض المعروضات الأخرى الخاصة بقبيلتهم لأنها تعتبر من أشيائهم المقدسة. وكان المتحف قد اشترى تلك القطع في أوائل القرن العشرين بخمسمائة دولار.

وجدير بالذكر أن التماثيل الفرعونية والأمريكية الأصلية تعتبر أكثر معروضات المتحف شعبية في الوقت الحالي.

الهدف من الاجتماع هو التوصل إلى اتفاق حول كيفية التعامل مع القضيتين المذكورتين.

Discussion 4: How Should We Deal with Controversial Statues?

النقاش الرابع: كيف يجب أن يكون التعامل مع التماثيل المثيرة للجدل؟

Language in Focus

- Describing actions

Structures and Connectors

- المفعول المطلق

Introduction مقدمة

1. Work with a partner. Ask each other questions about the following.
   - التماثيل المثيرة للجدل
   - تحطيم التماثيل

2. Match up words and meanings. What examples come to mind for each word?

١. زعيم ج زعماء
٢. بطل ج أبطال
٣. مجرم ج ون
٤. متطرف ج ون
٥. إرهابي ج ون

أ) شخص شجاع يقوم بأعمال غير عادية لا يستطيع معظم الناس القيام بها.
ب) شخص يقوم بأعمال غير قانونية كالسرقة والقتل.
ت) شخص غير معتدل خاصة في مواقفه السياسية أو الدينية.
ث) شخص يستخدم العنف لتحقيق أهداف سياسية أو خاصة.
ج) لقب للقادة السياسيين الذين يلعبون دورًا مهمًا في حياة وطنهم.

3. Read the paragraph below. What is the main idea? Ask two questions about it.

في اليوم التاسع من أبريل ٢٠٠٣، خلال دخول القوات الأمريكية إلى بغداد، تجمع المواطنون العراقيون في ساحة الفردوس وبدؤوا مهاجمة تمثال صدام حسين البالغ طوله اثني عشر مترًا. ونجحوا في تحطيم التمثال بمساعدة الجنود الأمريكيين وانتشرت صورهم وهم يضربون التمثال بأحذيتهم محتفلين بنهاية الحكم الديكتاتوري الذي استمر ثلاثين عامًا. ويحمل تدمير تماثيل للزعماء السياسين السابقين معانٍ رمزية كثيرة ويمثل انتصارًا للقيم الجديدة في المجتمع.

Reading قراءة

4. Read the text.

تحطيم التماثيل لا يغير الماضي ولا يصنع مستقبلًا أفضل

بين حقبة تارخية وأخرى، يشهد عالمنا العربيّ تحطيمًا لبعض التماثيل المُقامة في الميادين والحدائق العامة. فإن الزعماء والقادة العسكريين الذين كانوا يعتبرون أبطالا لشعوبهم بالأمس القريب، يُنظر إليهم اليوم كمجرمين أو متطرفين أو إرهابيين. ومن المشاهد المحفورة في ذاكرة الشعوب العربية تحطيم تمثال صدام

حسين في ساحة الفردوس في بغداد بعد دخول القوات الأمريكية إلى المدينة في شهر أبريل ٢٠٠٣، ثم تدمير تماثيل رموز الدكتاتورية في دول الربيع العربي تعبيرًا عن الغضب الشعبي واحتفالا بسقوط الأنظمة. تهدف هذه الممارسة الاحتجاجية إلى تصحيح التاريخ، لكن التاريخ قد مضى وانقضى ولا يمكن تغييره. فهل هناك طريقة أفضل للتعامل مع التماثيل الجدلية والماضي الصعب؟

التدمير وسيلة هدامة تقوم في المقام الأول على فكرة استخدام العنف لفرض رأي واحد ورؤية واحدة. وما تحتاج إليه شعوبنا المنقسمة التي عاشت صراعات كثيرة وحروبًا أهلية طويلة هي طرق إيجابية وبناءة للتعامل مع الاختلافات. إن الأشخاص الذين يحطمون التماثيل لا يحترمون حق الاختلاف في الرأي احترامًا حقيقيًا ولا يؤمنون بالتعددية والتنوع إيمانًا صادقًا. نحن في أمس الحاجة إلى نشر مبادئ قبول الاختلاف والتعايش السلمي حتى نخرج من دائرة العنف. وبدلا من أن ندمر التماثيل المثيرة للجدل التي لا تتناسب والرؤية الجديدة للمجتمع، يمكننا نقلها إلى متحف وشرح سياقها التاريخي من أجل استخدامها منطلقًا للحوار ومصدرًا لاستخلاص الدروس من أخطاء الماضي.

لا يمكن الإنكار أن بعض التماثيل ترمز بقوة إلى فترات تاريخية في غاية البشاعة، ولكن هناك تجارب تثبت أنه يمكننا أن نتعامل تعاملا مبدعًا حتى مع التماثيل من هذا النوع. فقد قرر المسؤولون في بعض دول أوروبا الشرقية نقل العديد من تماثيل الزعماء من عهد الشيوعية إلى مكان عام خارج المدينة، فتبدو وكأنها رُميت في مزبلة التاريخ. أما الفنانون الشباب في تلك الدول فقد بدؤوا تلوين بعض التماثيل الشيوعية الضخمة بألوان زاهية، وبهذه الطريقة غيروا رمزيتها تغييرًا جذريًا وجعلوها مضحكة! وإنّ هذا إنْ دل على شيء فإنما يدل على أن الاحتجاج على رموز سلبية يمكن أن يأخذ أشكالا متعددة. أما التحطيم فإنه لا يمكن أن يغير التاريخ ولا يصنع مستقبلا أفضل.

5. Answer the questions.

أ) ما هي الظاهرة وما أسبابها؟
ب) كيف يرى الكاتب هذه الظاهرة؟
ت) ما بعض الطرق البديلة للتعامل مع الظاهرة؟
ث) هل تتفقون مع رأي الكاتب أم لا، ولماذا؟

Vocabulary and Expressions مفردات وعبارات

6. Study the following words. In what context is each one used in the text?

to smash, destroy	حطّم
to ruin, destroy	دمّر
destructive	هدَّام
to express	عبّر عن
to protest	احتجّ على

to impose	فرض، يفرِض، الفرض على
conflict	صراع ج ات
diversity	تنوُّع
principle	مبدأ ج مبادئ

7. Fill in each space with a word from the table above. Discuss two statements.

أ) الناس الذين يحطمون التماثيل لا يؤمنون بالتعددية و............ .
ب) الشعوب المنقسمة تعيش في .... وحروب أهلية مستمرة.
ت) تدمير التماثيل التاريخية ليس وسيلة مناسبة للـ.....ـ على الماضي.
ث) التدمير وسيلة .... وبالتالي لا يمكن أن تبني شيئًا إيجابيًا.
ج) الشعب يجب أن .... عن غضبه باستخدام العنف أحيانا.

8. Give an example for each phrase.

أ) طريقة بناءة لحل المشاكل
ب) ممارسة احتجاجية منتشرة
ت) سقوط الأنظمة الديكتاتورية
ث) فترة تاريخية في غاية البشاعة
ج) الخروج من دائرة العنف

9. Fill in each space with the appropriate preposition. Answer the questions.

أ) كيف يجب أن نتعامل مع الناس الذين لا يؤمنون ....حق الآخر في الاختلاف؟
ب) ما هي الطرق المختلفة للاحتجاج .... الأنظمة التي لا تسمح بالرأي الآخر؟
ت) كيف يمكننا أن نعبر .... اختلافنا مع رأي الشخص الآخر بطريقة لطيفة؟
ث) لماذا يجب أن ندمر التماثيل التي ترمز ..... ممارسات في غاية البشاعة؟
ج) هل تستطيع الشعوب أن تستخلص دروسًا .... التاريخ؟ وما أفضل طريقة لذلك؟

10. Study the following expressions. In what context is each one used in the text?

primarily	في المقام الأول
in dire need of	في أمسّ حاجة إلى
as if it were	وكأنه
too hideous	في غاية البشاعة
if anything, it shows that	إن دل على شيء فإنما يدل على

11. Fill in each space with an expression from the table. Discuss two statements.

أ) منطقة الشرق الأوسط .... نشر مبادئ التعايش.
ب) الحرب وسيلة .... لحل المشاكل السياسية.
ت) ألمانيا دمرت تماثيل هتلر. إن هذا .... أن التدمير هو الحل المناسب.
ث) السلام يقوم ...... على احترام حق الآخر في الاختلاف في الرأي.
ج) من الصعب أن نتعامل مع الجرائم الماضية .... لم تحدث.

Verbs and Verb Forms أفعال وأوزان

12. Review verb form VI and complete the chart below.

الوزن	الماضي	المضارع	المصدر	اسم الفاعل	اسم المفعول
VI	تناسب				

Form VI verbs that refer to mutual harmony or incongruity can use either مع or الواو before their logical object. Consider these examples.

to agree with, be in accordance with تناسب، يتناسب، التناسُب
هذا القرار **يتناسب مع قانونَ** البلد. = هذا القرار **يتناسب وقانونَ** البلد.
to conform, be in harmony with تماشى، يتماشى، التماشي
الحوار **يتماشى مع مبادئ** التعايش. = الحوار **يتماشى ومبادئ** التعايش.
to be in opposition with, to contradict تعارض، يتعارض، التعارض
هذا القرار **يتعارض مع قانونَ** البلد. = هذا القرار **يتعارض وقانونَ** البلد.
to be incompatible with تنافى، يتنافى، التنافي
رفض الحوار **يتنافى مع مبادئ** التعايش. = رفض الحوار **يتنافى ومبادئ** التعايش.

13 Fill in the spaces with مع or الواو. Discuss each statement.

أ) من الصعب أن نتعامل ...... الناس العنصريين باحترام.
ب) من المهم أن نتفاعل .... الناس الذين لا نتفق معهم.
ت) التعبير عن الكراهية لا يتناسب ..... مبادئ حرية الرأي.
ث) استخدام العنف يتعارض ..... أسس الديموقراطية.
ج) منع حرية التعبير يتنافى ...... حقوق الإنسان.
ح) يجب أن نتحاور ..... الجميع، حتى المجرمين.

Language Functions وظائف لغوية

Describing actions

a) There are different ways to talk about the manner, time, frequency, and other circumstances of performing a certain action. Consider the following examples.

The writer explains the issue **clearly.**	يفسّر الكاتب القضية **بوضوح**.
The writer explains the issue **clearly.**	يفسّر الكاتب القضية **بشكلٍ واضح**.
We **completely** understand the problem.	نفهم المشكلة **تمامًا**.
We **completely** understand the problem.	نفهم المشكلة **بشكلٍ تامّ**.

b) We can also use المفعول المطلق, which is an indefinite *masdar* in the accusative case (المنصوب) derived from the main verb in the sentence. To describe how the main action is done, we add an adjective to this *masdar*.

an indefinite *masdar* in the accusative case derived from the main verb

The writer explains the issue **clearly**.	يفسّر الكاتب القضية **تفسيرًا** واضحًا.
We **completely** understand the problem.	نفهم المشكلة **فهمًا** تامًا.
They **strongly** expressed their feelings.	عبّروا عن مشاعرهم **تعبيرًا** قويًا.

المفعول المطلق is an eloquent way of describing actions; like in the examples below.

The situation improved **a lot.**	تحسن الوضع **كثيرًا**.
The situation improved **significantly**.	تحسن الوضع **تحسنًا** كبيرًا.

14. Find the above structures in the text and highlight them. Translate the sentences in which they appear into English.

15. Replace the adverbs in bold with المفعول المطلق.

بمناسبة مرور خمس عشرة سنة على إسقاط نظام صدام حسين، قال كاظم حسن الجبوري الذي شارك في تحطيم تمثال صدام حسين في ساحة الفردوس ببغداد عام ٢٠٠٣ إنه نادم **بشكل شديد** على مشاركته في تحطيم التمثال. فقد كان يظن أن حياة العراقيين ستتحسن **بشكل كبير**، لكن هذا لم يحدث. فإن الذين جاؤوا بعد صدام دمروا البلد **بشكل كامل**. إن كلام الجبوري يعبر **بوضوح** عن الأوضاع السيئة التي يعيش فيها العراقيون الآن.

16. In what context would you make each of the following statements?

أ) أعارض ذلك معارضةً شديدةً.
ب) أؤيد هذه الفكرة تأييدًا تامًّا.
ت) أحترم هذا الشخص إحترامًا كاملًا.
ث) سأحتفل بذلك احتفالًا كبيرًا.
ج) سأدمر هذا المكان تدميرًا كاملًا.

Role-Playing لعب الأدوار

17. Work with a partner to do the following role-play.

دور أ	دور ب
تعارض/تعارضين بشدة تحطيم تماثيل الزعماء التاريخيين الذين يرمزون إلى الدكتاتورية أو العنصرية أو العبودية.	تؤيد/تؤيدين بشدة تحطيم تماثيل الزعماء التاريخيين الذين يرمزون إلى الدكتاتورية أو العنصرية أو العبودية.

Useful expressions

Supporting a cause or proposal

I fully support this view. — أؤيد هذه الفكرة تاييدًا تامًّا.

I completely support the idea. — أدعم الفكرة دعمًا كاملًا.

Refusing a cause or proposal

I totally reject this idea. — أرفض هذه الفكرة رفضًا تامًّا.

I strongly oppose this. — أعارض هذا معارضةً شديدة.

Writing كتابة

18. Respond to the following prompt.

تسكنون في مدينة عربية كبيرة، وفي الفترة الأخيرة يسعى المسؤولون فيها إلى تجميل الميادين والحدائق العامة. وفي إطار تلك الجهود، شهد الحي الذي تسكنون فيه نصب تمثالين، أحدهما تمثال لأحد أشهر لاعبي كرة القدم في العالم الذي يمثل قدوة للشباب في البلد، لكن المشكلة أن التمثال قبيح جداً ويعتبره الكثيرون إهانة للاعب وتلوثاً بصرياً لسكان الحي وزواره. أما الآخر فهو تمثال جميل جداً لدكتاتور سابق لا يزال إرثه التاريخي يتسبب في انقسامات شديدة بين المواطنين. وقد طلبت إحدى الجرائد المحلية من السكان أن يعبروا عن رأيهم حول الاستراتيجيات المقترحة للتعامل مع كل من التمثالين. فيما يلي قائمة الاستراتيجيات التي قدمها المواطنون حتى الآن.

١. ترك التمثال كما هو.
٢. تغطية التمثال تغطية كاملة.
٣. نقل التمثال إلى مكان آخر.
٤. تغيير بعض الأشياء في التمثال تغييرًا جذريًا.
٥. إضافة نص يفسر سياق التمثال تفسيرًا مناسبًا.

ويمكنكم إضافة فكرة أو اقتراح من عندكم.

Include the following structures and expressions in your writing.

أ) المفعول المطلق
ب) نحن في أمس الحاجة إلى
ت) هذا يتنافى ومبادئ الاحترام
ث) يبدو وكأنه
ج) هذه الفكرة تقوم في المقام الأول على
ح) إنْ دل هذا على شيء فإنما يدل على أنّ

Up for Discussion مطروح للنقاش

19. Discuss the following scenario.

ستشاركون في مناقشة عامة في الحي الذي تسكنون فيه حول كيفية التعامل مع عدد من التماثيل المثيرة للجدل.

١. تمثال لنجم رياضي حقق نجاحًا عالميًا ويمثل قدوة بالنسبة للشباب. المشكلة أنّ التمثال في غاية القبح.
٢. تمثال لزعيم سابق فاز بجائزة نوبل للسلام لكن تاريخه يثير الجدل والانقسامات بين المواطنين.
٣. تمثال أثري جميل يجذب السياح إلى الحي. يعترض عليه الناس لأنه عبارة عن رجل بدون ملابس.

٤. تمثال للفن الحديث، اسمه "الحقيقة" لكن شكله غير واضح. يعتقد البعض أنه يتنافى مع الدين.

الهدف من المناقشة هو التوصل إلى اتفاق حول طريقة التعامل مع كل من التماثيل الأربعة.

Discussion 5: What Are the Pros and Cons of Advertising?

النقاش الخامس: الإعلانات، ما لها وما عليها؟

Language in Focus

- Giving reasons

Structures and Connectors

- حيث
- حيث إن

Introduction مقدمة

1. Work with a partner. Talk about:

- الإعلانات الجيدة
- الإعلانات السيئة

2. Are these statements true? Explain.

أ) الإعلانات موجودة حولنا في كل مكان.
ب) تؤثر الإعلانات في الناس تأثيرًا كبيرًا.
ت) سلبيات الإعلانات أكثر من الإيجابيات.
ث) يمكن استخدام الإعلانات لتحسين حياة الناس.

3. Read the paragraph below. What is the main idea? Ask two questions about it.

تشير بعض الدراسات الاجتماعية إلى أنّ متوسط ما يشاهده الشخص الذي يعيش نمط الحياة العصرية، يصل إلى ألف وخمسمائة إعلان يوميًا، ومعنى ذلك أن كل شخص يشاهد إعلانًا واحدًا في كل دقيقة من اليوم. وتقول الدراسات إن أكبر دليل على نجاح الإعلانات هو أننا نعتقد أنها لا تؤثر فينا. ففي الحقيقة أنجح الإعلانات هي الإعلانات التي تؤثر فينا بطريقة غير مباشرة وتغير سلوكنا نحو شراء المزيد من المنتجات أو الخدمات.

Reading قراءة

4. Read the text.

الإعلانات لخير الفرد والمجتمع

الإعلانات تحيط بنا في كل مكان وتؤثر فينا شئنا أم أبينا. إنها وسيلة فعالة للتأثير في الناس ولذلك يجب أن ننظر في ما لها وما عليها. تلعب الإعلانات دورًا مهمًا في تعريف المستهلك بمنتجات جديدة لم يعلم بها من قبل. كما تساهم في تسويق السلع والمنتجات وحث الناس على الشراء. من ناحية يؤدي هذا إلى تنشيط الاقتصاد، ومن ناحية أخرى يعرّض المستهلك لعملية غسيل الدماغ. فكلنا نعرف أن الإعلانات تنجح نجاحًا باهرًا في إقناعنا بشراء المزيد من الأشياء التي لا نحتاج إليها فعلا. يكمن سر نجاحها في إثارة المشاعر، حيث تربط بين المنتج وبين المشاعر الإيجابية. ففي الحقيقة نحن نشتري ونتسوق بحثا عن الشعور بالسعادة، والفرح، والمتعة، والراحة.

كل الناس في الإعلانات سعداء وأغنياء وجميلون، يبتسمون ويضحكون، ونحن نتمنى أن نصبح مثلهم بمجرد أن نشتري ذلك الشيء الذي رأيناه في الإعلان.

والمشكلة هي أن المشاهد التي نراها في الإعلانات تفرض علينا الكثير من الصور النمطية والمعايير غير الواقعية حول المظهر والجمال والحياة السعيدة. ويؤثر ذلك سلبًا على الأطفال والمراهقين والنساء بشكل خاص، حيث إن الصور النمطية المثالية تسبب لهم صراعًا داخليًا يؤدي إلى الإحساس بالفشل والإحباط والاكتئاب. وبالإضافة إلى ذلك فإن الكثير من الإعلانات يعتمد على استخدام جسد المرأة والإيحاءات الجنسية لتسويق المنتجات وجذب انتباه المستهليكين، وبهذه الطريقة تروج لتشييء المرأة وتقدمها كسلعة جنسية.

غير أنّ استخدام الإعلانات لا يقتصر على التسويق وإنما يشمل حملات التوعية الاجتماعية، مثل حملة لمكافحة المخدرات أو ضد العنف الأسري أو للوقاية من الأمراض. ومثل الإعلانات التجارية، تنجح إعلانات التوعية عندما تعتمد على إثارة العواطف باعتبارها دافعًا أساسيًا لقراراتنا وسلوكنا. وفي السنوات الأخيرة بدأت بعض الشركات تركز على نوع جديد من الإعلانات حيث قامت بالمزج بين التسويق والتوعية. فقد أطلقت شركة "بينيتون" للملابس مثلًا حملة لمحاربة الكراهية، بينما وجّهت شركة "نايكي" رسالة حول تمكين المرأة. نرجو أن تنجح الإعلانات من هذا النوع في تغيير السلوكيات السلبية في مجتمعاتنا بقدر ما تنجح الإعلانات التجارية في تسويق المنتجات وإقناعنا بشرائها.

5. Answer the questions.

أ) ما إيجابيات الإعلانات؟
ب) ما سلبيات الإعلانات؟
ت) ما الهدف من تناول الموضوع؟
ث) ما رأي الكاتبة في إعلانات التوعية؟
ج) هل تتفقون معها أم لا، ولماذا؟

Vocabulary and Expressions مفردات وعبارات

6. Study the following words. In what context is each one used in the text?

product	مُنْتَج ج اتِ
commodity	سلعة ج سِلَع
consumer	مستهلك ج ون
to market	سوّق
campaign	حملة ج ات
to promote	روّج لـ
to urge	حثّ، يحُثّ، الحَثّ على
to influence	أثّر في/على
spreading awareness	توعية

7. Fill in each space with a word from the table above. Discuss two statements.

أ) تساهم الإعلانات في .... المنتجات والسلع.
ب) الإعلانات جيدة للاقتصاد لأنها .... الناس على الشراء.
ت) .... الإعلانات في الأطفال والمراهقين والنساء بشكل خاص.
ث) معايير الجمال التي .... لها الإعلانات ليست واقعية.
ج) تستخدم الإعلانات أيضا للـ..... حول قضايا مجتمعية مختلفة.

8. Give an example for each phrase.

أ) وسيلة فعالة للتأثير في الناس
ب) معايير الجمال غير الواقعية
ت) شيء يؤدي إلى الإحساس بالإحباط والاكتئاب
ث) حملة إعلانية نجحت نجاحًا باهرًا
ج) إعلان يمزج بين التسويق والتوعية

9. Fill in each space with the appropriate preposition.

أ) تحيط الإعلانات ....نا في كل مكان الآن.
ب) تؤثر الإعلانات ..... النساء أكثر من الرجال.
ت) تقنعنا الإعلانات ..... شراء أشياء غير ضرورية.
ث) تعتمد الإعلانات ..... الإيحاءات الجنسية.
ج) تفرض الإعلانات معايير الجمال .... الشباب.

10. Study the following expressions. In what context is each one used in the text?

the pros and the cons	ما له وما عليه
whether we want it or not	شئنا أم أبينا
as soon as	بمُجَرّد أنْ + الفعل المضارع المنصوب
stereotype	صورة نمطية
as much as	بقدر ما + الفعل

11. Fill in each space with an expression from the table above. Discuss two statements.

أ) نحن نتأثر بالصور التي نشاهدها في الإعلانات ....
ب) نعتقد أن حياتنا ستتغير .... نشتري شيئًا رأيناه في الإعلان.
ت) الإعلانات لا تنجح بالتوعية .... تنجح في غسيل دماغ المستهلكين.
ث) تؤثر .... التي تفرضها الإعلانات تأثيرًا سلبيًا على الشباب.
ج) قبل أن نستخدم أي إعلان للتوعية يجب أن نفكر في ....

Verbs and Verb Forms أفعال وأوزان

12. Complete the table below.

اسم المفعول	اسم الفاعل	المصدر	المضارع	الماضي	الوزن
				اقتصر	
			يشتري		
		حث			
	متسوق				
مسوَّق					

13. Use the words from the table to complete the sentences below.

أ) في السنوات الأخيرة أقبل الناس على .... عن طريق الإنترنت.
ب) الهدف من إعلانات التوعية لا .... على نشر المعلومة بل يشمل تغيير السلوك.
ت) يجب منع الإعلانات التي ...... السلع للأطفال والمراهقين.
ث) أنجح الإعلانات ......نا على الشراء بدون أن نحس بذلك.
ج) في الحقيقة، يريد الناس أن .... السعادة والمتعة وليس الأشياء.

Language Functions وظائف لغوية

Giving reasons

The following structures are used when talking about reasons in contexts that require higher language registers, like in lectures and public debates.

a) The connector حيث (which means "since" or "as") is followed by a verb.

followed by a verb ← حيث

Commercials are successful **since they convince us** to buy things.	تنجح الإعلانات **حيث تقنعنا** بالشراء.
Commercials are not always negative **since they could be** used to serve the community.	الإعلانات ليست دائمًا سلبية **حيث يمكن** استخدامها لخدمة المجتمع.

b) When combined with إنّ, it is followed by a nominal sentence.

followed by a nominal sentence ← حيث إنّ

We buy unimportant things **since** commercials influence us.	نشتري الأشياء غير المهمة **حيث إن** الإعلانات تؤثر فينا.
Commercials succeed **since** they stir up feelings.	تنجح الإعلانات **حيث إنها** تثير العواطف.

14. Find the above structures in the text and highlight them. Translate the sentences in which they appear into English.

15. Complete the sentences below and compare with a partner.

أ) الإعلانات تحسن حياتنا حيث ......
ب) تستفيد محطات التلفزيون من الإعلانات حيث إن .....
ت) تساهم حملات التوعية في تغيير المجتمع حيث .....
ث) لا تنجح حملات مكافحة التدخين حيث إن .....
ج) الهدف الرئيسي من الإعلانات هو غسيل الدماغ حيث .....
ح) تسبب الإعلانات مشاكل نفسية للنساء حيث إن .....

Role-Playing لعب الأدوار

16. Work with a partner to do the following role-play.

دور أ	دور ب
تعتقد/تعتقدين أنه يجب منع الإعلانات الموجهة للأطفال.	تعتقد/تعتقدين أنه لا يجب منع الإعلانات الموجهة للأطفال.

Useful expressions

Expressing an alternative viewpoint

On the one hand . . . and on the other (hand) . . .	من ناحية . . . ومن ناحية أخرى . . .
The issue is not restricted to . . . rather . . .	المسألة لا تقتصر على . . . وإنما . . .
I would like to draw your attention to	أريد أن ألفت نظرك إلى . . .

Writing كتابة

17. Respond to the following prompt.

وزارة الشباب تدعوكم للمشاركة في حملة التوعية حول خطورة الإعلانات التجارية

تقوم وزارة الشباب بجمع معلومات حول الإعلانات التي يمكنها أن تؤثر على شبابنا تأثيرًا سلبيًا، وتوجه الدعوة لجميع الراغبين في المشاركة أن يرسلوا إليها رسالة إلكترونية تتضمن:

١. وصفًا لإعلان يمكن أن يكون له تأثير سلبي على الشباب.
٢. تعليقًا على رسالة الإعلان.
٣. اقتراحًا لإعلان إيجابي يقدم نفس المنتج.

Use the following structures and expressions in your writing.

أ) حيث/حيث إن
ب) المفعول المطلق والمفعول لأجله
ت) بمجرد أن . . .
ث) لا يختلف إثنان على أنّ . . .
ج) من ناحية . . . ومن ناحية أخرى . . .
ح) أخيرًا وليس آخرًا

Up for Discussion مطروح للنقاش

18. Discuss the following scenario.

ستشاركون في اجتماع تنظمه وزارة الشباب بمناسبة إطلاق حملة التوعية حول خطورة الإعلانات التجارية التي تؤثر سلبًا على الشباب. قدموا الإعلانات التي اخترتموها وناقشوا اقتراحاتكم حول الوسائل والأفكار التي يمكن استخدامها من أجل التأثير الإيجابي على الشباب. الهدف من الاجتماع هو التوصل إلى اتفاق حول الإعلانات التي يجب منعها والاستراتيجيات والأساليب التي يجب استخدامها من أجل التأثير الإيجابي.

Discussion 6: Why Are Some Books Banned?

النقاش السادس: لماذا يُمنع بعض الكتب؟

Language in Focus

- Softening criticism and negative messages

Structures and Connectors

- الفعل المبني للمجهول

Introduction مقدمة

1. Work with a partner. What comes to mind when you think about:

- حرية التعبير
- منع الكتب

2. Are these statements true? Explain.

أ) معرض الكتاب ليس حدثًا ثقافيًا مهمًا بالنسبة لي.
ب) ليس عندنا رقابة ولا أحد يستطيع أن يمنع الكتب.
ت) في العالم العربي، تمنع وزارة الإعلام بعض الكتب.
ث) منع الكتب يؤثر تأثيرًا سلبيًا على الإبداع والمبدعين.

3. Read the paragraph below. What is the main idea? Ask two questions about it.

تقيم كل الدول العربية تقريبًا معارض للكتاب سنويًا، ويشارك فيها أهم الكتاب والمثقفين ودور النشر والمكتبات العامة والعديد من المؤسسات الثقافية والإعلامية المحلية والدولية. تعتبر هذه المعارض من أهم الفعاليات الثقافية التي ينتظرها الجمهور بشغف، لأنها فرصة حقيقية لتبادل الأفكار والتعرف على كل ما هو جديد في مجال نشر الكتب في العالم العربي وفي الخارج. وتسهم هذه المعارض في تعزيز العلاقات بين المبدعين والجمهور والتبادل الثقافي بين الشعوب.

Reading قراءة

4. Read the text.

الرقابة في معرض الكتاب

أعلنت وزارة الإعلام الكويتية منع مئات الكتب من المشاركة في معرض الكتاب هذه السنة. وقالت الوزارة في بيان لها إنها حظرت الكتب التي تسيء إلى الدين أو تحرض على الكراهية والتطرف والإرهاب، بالإضافة إلى الكتب التي تتضمن كلمات بذيئة، ومشاهد جنسية أو إباحية صريحة. وأكدت أنّ كل تلك الموضوعات يحظرها القانون الكويتي وتحرمها الشريعة الإسلامية. واشار البيان إلى أن الوزارة اتخذت هذا القرار حفاظا على قيم المجتمع والأخلاق الكريمة ودفاعًا عن الوطن في مواجهة التطرف والإرهاب. إن حرية التعبير ليست مطلقة وإنما لها قيود يحددها القانون، وعلى الجميع احترام قيم المجتمع والوقوف في وجه جميع الناس الذين يهددون استقراره.

وانقسم المجتمع الكويتي بين مؤيد ومعارض لقرار الوزارة. فقد رحّب به النواب المحافظون في البرلمان، مشيرين إلى أن كل مجتمعات العالم، حتى أكثرها تحررًا، فيها خطوط حمراء لا يسمح بتجاوزها. وفي دولة الكويت يكفل الدستور

حرية التعبير، ويقدّر المجتمع الإبداع والمبدعين كل التقدير. لكن الكويتين لا ولن يسمحوا أبدًا بنشر الأعمال الأدبية والفنية التي تسيء إلى قيمهم وعاداتهم وتقاليدهم بحجة ممارسة الحق في حرية التعبير. فالإباحية ليست فنًا، والتحريض على كراهية الآخر ليس حرية، كما لا يمكن أن نعتبر الإساءة إلى الدين دليلا على انفتاح المجتمع. أما القضايا المتعلقة بالأمن القومي فإنها سبب مشروع للحد من حرية التعبير في أي دولة في العالم.

في المقابل، انتقد الليبراليون حظر الكتب بشدة، مؤكدين أن قرار الوزارة ينتهك الدستور الذي يكفل حرية الرأي والتعبير لجميع المواطنين. كما أشاروا إلى أنّ معرض الكتاب كان في الماضي منبرًا للثقافة العالمية وساحة لتبادل الآراء ووجهات النظر، لكنه أصبح الآن مكانًا تنتهك فيه الحقوق وتسجن فيه الأفكار. ودعت الكاتبة ليلى عثمان المواطنين إلى المشاركة في مظاهرة احتجاجًا على منع الكتب، كما طالبت بالقضاء على الرقابة تمامًا، قائلة "إننا لا نريد أن ننير العالم بكتب تحرق وتمنع. نريد الكلمة الحرة أن تصل إلى الناس دون أن يضغط علينا ويرفع علينا سيف الرقابة." ومن اللافت أن الكثير من المثقفين تحدث عن عبثية منع الكتب في زمن الإنترنت، مشيرين إلى أن المنع يمنح الكتاب شهرة فورية.

5. Answer the questions.

أ) ما قرار الوزارة، وما السبب؟
ب) من يؤيد القرار، ولماذا؟
ت) من يعارض القرار، ولماذا؟
ث) من تؤيدون، ولماذا؟

Vocabulary and Expressions مفردات وعبارات

6. Study the following words. In what context is each one used in the text?

to insult; harm	أساء إلى
to incite	حرّض على
to threaten	هدّد
to ban	حظر، يحظُر، الحظْر
to exceed	تجاوز
to violate	انتهك
to terminate	قضى، يقضي، القضاء على
to appreciate	قدّر
to guarantee	كفل، يكفُل، الكفالة
to create	أبدع

7. Fill in each space with a word from the table above. Discuss two statements.

أ) يجب منع الكتب التي .... على الكراهية.
ب) معظم الكتب التي .... تدور حول الدين أو السياسة أو الجنس.
ت) منع الكتب .... للدستور الذي يكفر حرية التعبير.
ث) تؤثر الرقابة سلبًا على ....
ج) يجب ...... على كل أنواع الرقابة.

8. Give an example for each phrase.

أ) كتاب يسيء إلى الدين
ب) خطوط حمراء لا يمكن تجاوزها
ت) قيم المجتمع
ث) انتهاك الدستور
ج) عبثية الموضوع

9. Rank the following from the most to the least threatening to society.

نشر الكلام الفاحش - الإساءة إلى القيم والعادات والتقاليد - الحد من حرية التعبير - نشر الرذيلة - مخالفة الدستور - القضاء على الرقابة - انغلاق المجتمع على نفسه - انفتاح المجتمع على الآخر

10. Fill in each space with the appropriate preposition.

أ) حظر الكتب الإباحية يحد .... حرية التعبير.
ب) الدول الديموقراطية لا تسمح ..... منع الكتب.
ت) من حق الكاتب أن يعبر .... أي فكرة بكل حرية.
ث) النواب المحافظون أشاروا .... بعض القضايا المهمة.
ج) كل مجتمع يجب أن يحافظ ..... عاداته وتقاليده وقيمه.
ح) الكتب التي تسيء .... الدين أكثر خطورة من الكتب الإباحية.

11. Study the following expressions. In what context is each one used in the text?

to resist	وقف في وجه
under the pretext of	بحجة
to threaten with censorship	رفع سيف الرقابة على
to violate the constitution	انتهك الدستور
it is striking that . . .	من اللافت أنّ . . .

12. Fill in each space with an expression from the table above. Discuss two statements.

أ) لا يجب السماح بالتحريض على الكراهية ...... حرية التعبير.
ب) الدولة التي .... لا تقدر الفن والإبداع.
ت) الحكومة يجب أن ..... جميع الناس الذين يهددون استقرار المجتمع.
ث) .... منع الكتب أمر مستحيل في زمن الإنترنت.
ج) .... يعني أن كل القوانين في البلد مهددة.

Verbs and Verb Forms أفعال وأوزان

13. Review the passive voice then complete the chart below.

الوزن	المبني للمجهول الماضي	المبني للمجهول المضارع
		يُشاهد
	حُظر	
		يُستقبل
	اُنتقد	
		يُرحب
	أُعلن	

14. Complete these sentences with a verb from the table in the passive voice.

أ) .... قرار الوزارة قبل المعرض بيومين.
ب) لا أفهم كيف يمكن أن ..... بقرار منع الكتب.
ت) .... قرار الوزارة بشدة، خاصة بين المثقفين.
ث) .... الكتب التي تتضمن الكلمات البذيئة.
ج) .... بعض الأفكار بالرفض في هذا المجتمع.
ح) .... العديد من الكتّاب في المظاهرة ضد منع الكتب.

Language Functions وظائف لغوية

Indirectly conveying criticism and negative messages

The passive voice is particularly suitable for softening bad news and criticism because it focuses on the actions and not on the doers. Hence, when we want to refer to something negative, unpleasant, or potentially dangerous, we can choose to be less direct and accusatory by using the verb that describes the action in the passive voice.

Passive		*Active*	
Writers are being imprisoned.	يُسْجَن الكُتّاب.	The government is imprisoning writers.	الحكومة تَسْجِن الكُتّاب.
Books get banned.	تُمنَع كتبٌ.	Censorship officials ban books.	الرقابة تمنع كتبًا.
Mistakes were made.	ارتُكِبتْ الأخطاء.	You made mistakes.	ارتكبتم الأخطاء.

The use of the passive voice in Arabic implies that there is a doer, but for some reason the doer is not mentioned. On the other hand, when the speaker/writer thinks that something happened spontaneously, the verb will be used in the active–reflexive form (for example, form VII or V). Contrast the following examples.

Passive		*Active–Reflexive*	
The glass **was broken** (someone did it).	كُسِر الزجاج.	The glass **broke**.	انكسر الزجاج.

The topic of the discussion **was changed** (on purpose).	**غُيِّر** موضوع النقاش.	The topic of the discussion **changed**.	**تغير** موضوع النقاش.

The passive form is also used when the doer is unknown or unimportant, like in the following examples.

The book fair is organized every year.	**يقام** معرض الكتاب كل سنة.
The ministry's statement was announced yesterday morning.	**أُعْلِن** بيان الوزارة صباح أمس.
The book was published last year.	**نُشِر** الكتاب السنة الماضية.

15. Find the passive verbs in the text and highlight them. Translate the sentences in which they appear into English.

16. The statements below are overly critical of the government. Soften the statements.

أ) وزارة الإعلام تعلن قرارات عبثية.
ب) قرارات الحكومة تهدد حرية التعبير.
ت) الوزير يحوِّل معرض الكتاب إلى سجن.
ث) الحكومة ترفع سيف الرقابة على المبدعين.
ج) وزارة الإعلام لا تقدر الفن.
ح) مسؤولو الوزارة لا يحترمون حقوق المواطنين.
خ) الوزير ينتهك الدستور.
د) الحكومة تحارب المفكرين في البلد.

17. Read the following news piece and then rewrite it so that the doers are not mentioned.

منعت السلطات اللبنانية رواية "دافنشي كود" (أو "شفرة دافنشي"). وكان زعماء الكاثوليك قد طالبوا بحظر نشرها وبيعها في البلاد. وقال الأب عبدو أبو قاسم رئيس المركز الكاثوليكي للمعلومات إن "الرواية تسيء إلى الكنيسة." وانتقد الأب الرواية لأنها تذكر العلاقة الجنسية بين المسيح ومريم المجدلية. يعتبر رجال الكنيسة ذلك إساءة إلى المسيح. وجدير بالذكر أن القوانين اللبنانية تمنع إهانة كل التجمعات الدينية. وقال أصحاب المكتبات في بيروت إن السلطات الأمنية أمرتهم بعدم عرض أو بيع النسخ الإنجليزية أو الفرنسية أو العربية من الرواية.

Role-Playing لعب الأدوار

18. Work with a partner to do the following role-play.

دور ب	دور أ
تعارض/تعارضين القرار بمنع رواية "شفرة دافنشي" بشدة.	تؤيد/تؤيدين القرار بمنع رواية "شفرة دافنشي" بشدة.

Useful expressions

Disagreeing in a confrontational manner

This is ridiculous! — هذا كلام فارغ!

Nonsense! — هذا هراء!

Apologizing

I am so sorry. — أنا آسف/آسفة جدًا.

My apologies. — أقدم اعتذاري.

Accepting an apology

Apology accepted. — حصل خير اعتذارك مقبول

It's fine. — ولا يهمك، لا بأس

Rejecting an apology

Your apology is not acceptable. — اعتذارك غير مقبول.

I cannot accept your apology. — لا أستطيع أن أقبل اعتذارك.

Writing كتابة

19. Respond to the following prompt.

أعلنت لجنة المناهج في الجامعة التي تدرسون فيها منع عدد من الكتب التي كان الطلاب يقرؤونها من قبل في الفصول المختلفة. اكتبوا مقالة ستنشر في جريدة الطلبة تنتقدون فيها قرار اللجنة بطَريقة غير مباشرة. اختاروا كتابين من الكتب الممنوعة وطالبوا اللجنة بإعادتها إلى المنهج. ووضّحوا الأسباب التي جعلتكم تختارون هاذين الكتابين دون غيرهما من الكتب الموجودة في القائمة. فيما يلي قائمة الكتب التي منعتها لجنة المناهج.

The Awakening **(الصحوة) by Kate Chopin**

نشـر هـذا الكتـاب سـنة ١٨٩٩، وتـدور القصـة حـول امـرأة تتـرك عائلتهـا وتقيـم علاقـة غيـر شـرعية مـع رجـل بحثـا عـن تحقيـق لذاتهـا. بالرغـم مـن أن الكتـاب يعتبـر عمـلا أدبيـا مهمـا فـي مجـال الكتابـة النسـوية إلا أنـه يتضمـن أفكـارا تعتبـر غيـر أخلاقيـة وغيـر مقبولـة اجتماعيـا فـي المجتمعـات العربيـة. والجديـر بالذكـر أن الكتـاب واجـه العديـد مـن الانتقـادات فـي الولايـات المتحـدة عندمـا نشـر أول مـرة واعتبـره النـاس عمـلا غيـر أخلاقـيّ.

The Kite Runner **(عدّاء الطائرة الورقية) by Khaled Hosseini**

تـدور قصـة الروايـة فـي أفغانسـتان والولايـات المتحـدة وتتضمـن مشـاهد تصـف العلاقـة الجنسـية بيـن الرجـال، بالإضافـة إلـى مشـاهد اغتصـاب بوصـف تفصيلـي دقيـق. كمـا اسـتخدم الكاتـب العديـد مـن الكلمـات البذيئـة فـي الكتـاب ككل. وبالرغـم مـن أن الكتـاب حصـل علـى تقديـر النقـاد إلا أن الكثيـر مـن النـاس يعتقـدون أنـه غيـر مناسـب للشـباب.

The Cartoons That Shook the World **(الرسومات التي هزت العالم) by Jytte Klausen**

يتنـاول الكتـاب قضيـة الرسـومات الكاريكاتوريـة التـي نشـرتها جريـدة مـن الجرائـد الدنماركيـة عـام ٢٠٠٥ والتـي أثـارت ردود الفعـل العنيفـة والغاضبـة فـي كل أنحـاء العالـم العربـي والإسـلامي لأنهـا تضمنـت صـورا للرسـول محمـد. علمـا بـأن الشـريعة الإسـلامية تمنـع تصويـر الرسـول منعـا باتـا، أضـف إلـى ذلـك أن الرسـومات صورتـه لابسـا العمـة علـى شـكل قنبلـة. ويعيـد الكتـاب طبـع الرسـومات التـي يتكلـم عنهـا.

The Satanic Verses **(آيات شيطانية) by Salman Rushdie**

منعـت العديـد مـن البلـدان الإسـلامية هـذا الكتـاب علـى اعتبـار أنـه كتـاب مسـيء إلـى الرسـول والديـن الإسـلامي. كمـا أصـدر الإمـام الخمينـي فتـوى ضـد الكتـاب وكاتبـه. ولـم يقتصـر المنـع علـى الـدول الإسـلامية بـل منعتـه كذلـك بلغاريـا وبولنـدا وفنـزويـلا. والجديـر بالذكـر أن المترجـم اليابانـي للكتـاب قتـل، بينمـا تعـرض المترجـم الإيطالـي والناشـر النرويجـي لهجـوم مسـلح.

Animal Farm **(مزرعة الحيوانات) by George Orwell**

مـا زال هـذا الكتـاب يثيـر انتقـادات وردود فعـل مختلفـة حـول العالـم بسـبب مضمونـه السياسـي. فقـد وضعتـه ولايـة نيويـورك علـى قائمـة الكتـب المثيـرة للجـدل عـام ١٩٦٨ علـى اعتبـار أن كاتبـه شـيوعـي. كمـا منعتـه الحكومـة السـوفيتية مـن العـرض فـي معـرض موسـكو للكتـاب عـام ١٩٧٧. مؤخـرا منعـت حكومـة الإمـارات العربيـة المتحـدة اسـتخدام هـذا الكتـاب فـي المـدارس لأنـه يتضمـن مشـاهد مكتوبـة وصـورا للخمـور والخنازيـر وغيرهـا مـن المضاميـن التـي تخالـف القيـم العربيـة والإسـلامية.

The Lord of the Rings **(سيد الخواتم) by J.R.R. Tolkien**

منع هذا الكتاب في العديد من الدول كما حرقه أعضاء كنيسة في ولاية المكسيك الجديدة معتبرينه كتابًا شيطانيًا. وتدور القصة حول عدد من الأشخاص الذين تحركهم قوى الشر والخير وهم يبحثون عن الخاتم السحري. ويقبل الشباب على قراءة هذا الكتاب رغبة في مزيد من الإثارة التي استمتعوا بها من خلال مشاهدة الأفلام المقتبسة من الرواية.

Include the following structures and expressions in your writing:

أ) إلفعل المبني للمجهول
ب) تمنع الكتب بحجة . . .
ت) يجب أن نقف في وجه المحاولات لـ . . .
ث) هناك خطوط حمراء لا يمكن تجاوزها ولكن . . .
ج) من ناحية . . . ومن ناحية أخرى . . .

Up for Discussion مطروح للنقاش

20. Discuss the following scenario.

بعد إعلان القرار الذي اتخذته لجنة المناهج بمنع ستة كتب، نشرت جريدة الطلبة العديد من المقالات التي كتبها الطلاب اعتراضًا على منع الكتب. قررت اللجنة أن تعقد اجتماعًا مع الطلاب لمناقشة آرائهم، كما طلبت منهم تقديم اقتراحات ببعض الكتب التي يريدون إضافتها إلى المنهج بدلا من الكتب الممنوعة. قسموا الفصل إلى أعضاء لجنة المناهج من الأساتذة ومجموعة من الطلاب الذين نشروا مقالاتهم في جريدة الطلبة.
الهدف من الاجتماع هو التوصل إلى اتفاق حول:

١. الكتب الممنوعة حالية التي يجب إعادتها إلى المنهج.
٢. الكتب الجديدة التي يجب إضافتها إلى المنهج.

Discussion 7: Is Graffiti Art or Vandalism?

النقاش السابع: الجرافيتي، فن أم تخريب؟

Language in Focus

- Recommending solutions for an issue
- Expressing varying degrees of obligation

Structures and Connectors

- من الضروري أن، من المفروض أن، من الممكن أن، لا يجوز أن

Introduction مقدمة

1. Work with a partner. Talk about:

- الجرافيتي
- التخريب

2. Match up words with meanings. Give an example for each word.

١. جريمة
٢. تخريب
٣. عقوبة
٤. مخالفة
٥. عدالة
أ) كل فعل ينتهك القانون
ب) كل فعل يعاقب عليه القانون
ت) إعطاء كل شخص ما يستحقه
ث) شيء يحدده القانون لمعاقبة المجرم
ج) تدمير متعمد لمتلكات عامة أو خاصة

3. Read the paragraph below. What is the main idea? Ask two questions about it.

يقول بانكسي، أحد أهم فناني الشارع العالميين، لمن يرى أن الجرافيتي يمثل تخريبًا وتشويهًا للمدينة: "في حقيقة الأمر الذي يشوه مدننا هي الشركات الكبرى بإعلاناتها التي تظهر على المباني والأوتوبيسات لتجعلنا نشعر بأننا غير راضين إلا إذا اشترينا هذه السلعة. يتحول كل شيء في عالمنا الرأسمالي (المتحضر) إلى سلعة؛ الملابس، والأكل، والماء، والفن، والحب. لكن فن الشارع لا يُباع ولا يُشترى."

Reading قراءة

4. Read the text.

معًا من أجل القضاء على التخريب

لم يكن الجرافيتي، أي الكتابة أو الرسم على الجدران، معروفًا في المدن المصرية من قبل، لكنه انتشر مع أحداث الربيع العربي انتشار النار في الهشيم. يدّعي البعض أن الجرافيتي نوع من أنواع الفن الهادف الديموقراطي الذي يخاطب الجميع وليس فقط رواد المتاحف. لكن إذا ألقينا نظرة موضوعية على الأمر فسنرى أنه في الغالب عبارة عن أسماء أو شتائم أو مجرد شخبطة تشوه

الممتلكات الخاصة والعامة وتكبد أصحابها خسائر فادحة. ويحاول البعض إقناعنا بأن الجرافيتي حرية تعبير ووسيلة الشباب للتنفيس عن مشاعرهم السلبية. فهل علينا أن نتجاهل حقيقة أن استخدام الجدران بدون الحصول على إذن من صاحب المكان جريمة يعاقب عليها القانون؟

أظهرت دراسات حديثة أن الجرافيتي يؤثر بشكل سلبي على سلوك الأفراد، حيث يزيد من استعداد الناس لمخالفة النظام بشكل كبير. فإن عدد الأشخاص الذين يلقون القمامة في الشارع أو يحاولون السرقة، على سبيل المثال، يرتفع إلى أكثر من الضعف في الأماكن التي تنتشر فيها الجرافيتي. هناك نظرية تعرف باسم "نظرية النوافذ المكسورة" التي تذهب إلى أنّ وجود زجاج مكسور أو جرافيتي أو قمامة في الشارع يحرض الأفراد على انتهاك القانون وارتكاب المزيد من الجرائم. إذن علينا أن نحارب الجرافيتي حتى لو كان جميلا، لأن الرسالة الرئيسية التي يوجهها هي أن قواعد المجتمع يجب أن تكسر وممتلكات الغير يمكن أن تخرب.

لا بد من اتخاذ خطوات حاسمة للقضاء على هذا السلوك المنحرف. الخطوة الأولى هي تشديد العقوبة بحق الفاعلين حتى تكون رادعًا فعّالا لكل من يفكر في الكتابة أو الرسم على الجدران. ومن المفروض أن تقوم السلطات بتحسين الإضاءة وتثبيت كاميرات المراقبة في المدينة لضبط المخربين وإحالتهم إلى العدالة. كما ينبغي فرض الضرائب على بخاخات الطلاء حتى تصبح باهظة الثمن، بالإضافة إلى منع بيعها لمن يقل سنه عن ثماني عشرة سنة. لا يجوز أن يقف المواطنون مكتوفي الأيدي أمام السلوكيات التي تشوه وجه مدننا وتحرض شبابنا على التخريب. فمن الضروري أن يقوم كل منها بدوره، مهما كان بسيطا، في المعركة ضد هذه الظاهرة غير الحضارية.

5. Answer the questions.

أ) كيف ينظر الناس إلى الجرافيتي؟
ب) ما رأي الكاتب في آراء الناس؟
ت) ماذا تقول الدراسات الحديثة؟
ث) ما هي اقتراحات الكاتب؟
ج) هل تتفقون معه أم لا، ولماذا؟

Vocabulary and Expressions مفردات وعبارات

6. Study the following words. In what context is each one used in the text?

to claim	ادّعى
to distort	شوّه
crime	جريمة ج جرائم
justice	عدالة
to violate	خالف

to commit	ارتكب
to punish	عاقب
deterrent	رادع
punishment	عقوبة ج ات
tax	ضريبة ج ضرائب

7. Fill in each space with a word from the table above. Discuss two statements.

أ) انتهاك أي قاعدة للسلوك يحرض الناس على ...... جرائم أخرى.
ب) يجب فرض .... السجن لمدة خمس سنوات على أي رسام جرافيتي.
ت) رسام الجرافيتي .... القانون لذلك لا يكتب اسمه على الجدار.
ث) .... بعض الناس أن الجرافيتي فن يؤثر في الناس بشكل إيجابي.
ج) يجب أن نفرض .... على كل الأدوات التي تستخدم للجرافيتي.

8. Give an example for each phrase.

أ) خسائر فادحة
ب) سلوك منحرف
ت) مخالفة القانون
ث) تشديد العقوبة
ج) وسيلة للتنفيس

9. Fill in each space with the appropriate preposition.

أ) وجود الجرافيتي يحرض الناس ..... ارتكاب جرائم.
ب) يجب فرض الضرائب ..... الأدوات التي تستخدم في الكتابة والرسم على الجدران.
ت) أغلب الجرافيتي عبارة ..... كتابة الأسماء والشتائم ومجرد شخبطة.
ث) بعض الشباب يستخدمون الجرافيتي للتنفيس ..... مشاعرهم السلبية.
ج) يجب إحالة كل رسامي الجرافيتي ..... القضاء والحكم عليهم بالسجن.

10. Study the following expressions. In what context is each one used in the text?

to incur heavy loss	كبّده خسائر فادحة
spread like wildfire	انتشر انتشار النار في الهشيم
prohibitively priced	باهظ الثمن
to look objectively at	ألقى نظرة موضوعية على . . .
to stand idly; do nothing	وقف مكتوف اليدين

11. Fill in the spaces with the expressions above. Discuss two statements.

أ) لا يجوز أن .... أمام أي نوع من أنواع التخريب.
ب) نحب الجرافيتي لكن إذا .... فسنجد أنه نوع من التخريب.
ت) لا شك أن الجرافيتي ..... مالك المكان ....
ث) الجرافيتي .... في مصر خلال أحداث الربيع العربي.
ج) يجب أن تكون كل أدوات الرسم على الجدران ....

Verbs and Verb Forms أفعال وأوزان

12. Complete the table below with form VIII verbs of the given roots.

اسم المفعول	اسم الفاعل	المصدر	المضارع	الماضي	الجذر
					أ خ ذ
					د ع و
					ز ه ر
					ض ر ب
مسوّق					ض ه د

13. Use the words from the table to complete the sentences below.

أ) .... الجرافيتي في العالم العربي في السنوات الأخيرة.
ب) انتشر الجرافيتي خلال فترة .... السياسية.
ت) ...... البعض أن الجرافيتي فن جميل.
ث) الحكومة يجب أن ...... خطوات حاسمة لمحاربة الجرافيتي.
ج) معظم رسامي الجرافيتي ناس ..... يحتجون على الظلم.

Language Functions وظائف لغوية

Recommending solutions for an issue

Arabic does not have modal verbs that correspond exactly to the modals in English such as "must," "have to," "ought to," "should," and so on. To convey the meaning which is expressed by the modal verbs, Arabic uses impersonal verbs like يجب and ينبغي followed by أنْ clause and several expressions. Study the expressions below, keeping in mind that the English and Arabic versions only loosely correspond to one another. For example, يجب أن can mean either "must" or "should," and ينبغي أن can mean "it is imperative," "it is most desirable," or "should," depending on the context.

To say something is necessary (i.e., there is a strong obligation):

We **must** respect the law.	**لا بد أن** نحترم القانون.
The law must be respected.	**لا بد من** احترام القانون.
It is necessary that we respect the law.	**من الضروري أن** نحترم القانون.
We **must** respect the law	**يجب أن** نحترم القانون.
It is imperative that we respect the law.	**ينبغي أن** نحترم القانون.

To say something isn't necessary:

It is not necessary to increase punishment.	**ليس من الضروري** أن نشدد العقوبة.
We do not have to increase punishment.	**لا يجب** أن نشدد العقوبة.
It is not imperative that we increase punishment.	**لا ينبغي** أن نشدد العقوبة.

To say something should be done (i.e., there is a weaker, or moral obligation):

We **could** eliminate graffiti.	**من الممكن أن** نزيل الجرافيتي.
You **could** discuss the issue some more.	**يمكنكم أن** تناقشوا الموضوع أكثر.

To say something is not allowed or not acceptable:

We must not allow vandalism.	**من الضروري أن لا** نسمح بالتخريب.
We must not allow vandalism.	**يجب أن لا** نسمح بالتخريب.
It is imperative that we not allow vandalism.	**ينبغي أن لا** نسمح بالتخريب.

Note that أن لا can also be used in its contracted form **ألا**.

We can also use the negative form of the verb يجوز أن ("to be permissible") to express negative obligation.

It is not permissible to ignore vandalism.	**لا يجوز أن** نتجاهل التخريب.

You should not be lenient with vandals.	**لا يجوز أن** تتساهلوا مع المخربين.

14. Find the above structures in the text and highlight them. Translate the sentences in which they appear into English.

15. Fill in the spaces with one of the constructions above that you find appropriate for the context.

أ) .... يدفع رسامو الجرافيتي الغرامة وثمن تنظيف الجدار.
ب) .... تقوم السلطات بتركيب الكاميرات في كل شارع.
ت) .... يدفع سكان العمارة ثمن إزالة الجرافيتي.
ث) .... نتجاهل كتابة الأسماء على الجدران لأنها منتشرة.
ج) .... نتساهل مع الناس الذين يرمون القمامة في الشارع.
ح) .... تمنع الحكومة بيع أدوات الجرافيتي للشباب.
خ) .... تمنع الحكومة استخدام الجدران للإعلانات.
د) .... تعاقب المدارس الطلاب الذين يكتبون على الحوائط.
ذ) .... نسمح للشباب بحريةٍ التعبير بالطريقة التي تناسبهم.
ر) .... تبني الحكومة جدرانًا خاصة للجرافيتي داخل المدينة.

16. Compare with a partner and discuss each statement.

Role-Playing لعب الأدوار

17. Work with a partner to do the following role-play.

دور ب	دور أ
تعتقد/تعتقدين أن الجرافيتي الجميل فن يجب الاهتمام به. قدم/قدمي بعض الاقتراحات للاهتمام بالجرافيتي.	تعتقد/تعتقدين أن كل أنواع الجرافيتي جريمة يجب محاربتها. قدم/قدمي بعض الاقتراحات لمحاربة الجرافيتي.

Useful expressions

Making suggestions

Let me present an idea to you	دعني/دعيني أعرض عليك/عليكي فكرة
Let me say this	اسمح/اسمحي لي أن أقول هذا

Positively responding

A great idea!	فكرة رائعة!
I support this wholeheartedly.	أؤيد ذلك قلبًا وقالبًا.
This deserves consideration.	هذا يستحق التفكير.

Negatively responding

Allow me to disagree.	اسمحْ/اسمحي لي أن أختلف معك/ معكِ.
I don't think this suggestion is realistic.	لا أظن أنّ هذا الاقتراح واقعي.
Some claim that . . . but . . .	يدّعي البعض أن . . . ولكن . . .

Writing كتابة

18. Respond to the following prompt.

استهدف المخربون، إلى جانب بعض رسامي الجرافيتي، الحي الذي تسكنون فيه. هناك الآن كتابة بأشكالها المختلفة على العديد من المباني العامة والخاصة. بعضها يتضمن رسائل إيجابية والبعض الآخر رسائل سياسية أو شخصية. هناك أيضًا كتابة تحتوي على كلمات بذيئة وتلك التي تعتبر مجرد شخبطة. بالإضافة إلى ذلك، هناك عدد من الجداريات الجميلة التي رسمها الفنانون الحقيقيون لكن بدون الحصول على الإذن من صاحب الملك. المطلوب منكم أن تِكتبوا اقتراحًا حول الخطوات التي يجب اتخاذها في الحي لمواجهة هذه المشكلة. وستناقش جميع الاقتراحات التي تقدم بها السكان في اجتماع عام الأسبوع القادم.

Use the following structures and expressions in your writing.

أ) يدعي البعض أنّ . . . ويزعم الآخرون أنّ . . .
ب) لا يجوز أن نقف مكتوفي الأيدي أمام . . .
ت) يجب أن نتخذ خطوات حاسمة من أجل . . .
ث) انتشر انتشار النار في الهشيم.
ج) . . . وهذا يكبدنا خسائر فادحة.
ح) نطالب بتشديد العقوبة بحق المخربين، فعلى سبيل المثال . . .

Up for Discussion مطروح للنقاش

19. Discuss the following scenario.

أصبح الحي الذي تسكنون فيه هدفًا للمخربين وفناني الجرافيتي. وفي الفترة الأخيرة انتشرت كل أنواع الجرافيتي انتشار النار في الهاشيم. ستشاركون في

مناقشة عامة حول كيفية التعامل مع هذه القضية. وكانت سلطات الحي قد استلمت عددًا من الاقتراحات التي ستطرح للمناقشة ومن بينها:

١. إزالة كل أنواع الجرافيتي بسرعة.
٢. إزالة الجرافيتي الذي يتضمن الأسماء والشتائم والخربشة فقط.
٣. بناء أسوار حول المباني الحكومية التي كتبت عليها بعض الشتائم.
٤. استخدام طلاء للجدران مضاد للجرافيتي في الحي ككل.
٥. تثبيت كامرات المراقبة وتحسين الإضاءة في كل الشوارع.
٦. زرع النباتات المتسلقة (الكروم) أمام الأسوار والمباني.
٧. مطالبة الحكومة بتشديد العقوبة بحق المخربين إلى السجن لمدة خمس سنوات.

أضيفوا اقتراحات أخرى وناقشوا فعاليتها. الهدف من المناقشة هو التوصل إلى اتفاق حول كيفية التعامل مع الجرافيتي في حيكم.

Discussion 8: Are You For or Against Zoos?

النقاش الثامن: هل أنت مع أم ضد حدائق الحيوان؟

Language in Focus

- Giving reasons
- Drawing a conclusion

Structures and Connectors

- إذ، إذ أن
- وبالتالي فإن، إذن فإن

Introduction مقدمة

1. Work with a partner. Ask each other questions about:

- حدائق الحيوانات
- حقوق الحيوانات

2. Do you agree with these statements? Explain.

أ) الحيوانات كائنات حية وبالتالي لها حقوق.
ب) الحيوانات ليس لها عقل وبالتالي ليس لها حقوق.
ت) للإنسان الحق أن يستخدم الحيوان كما يشاء.
ث) لحدائق الحيوانات دور مهم في المجتمع.

3. Read the paragraph below. What is the main idea? Ask two questions about it.

تأسست حديقة الحيوان بالجيزة سنة ١٨٩١ وهي أكبر حديقة للحيوانات في مصر والشرق الأوسط، إذ تبلغ مساحتها حوالي ثمانين فدانًا، أي ٣٣٦ ألف متر مربع تقريبًا. ويوجد في الحديقة نحو ستة آلاف حيوان من ١٥٧ نوعًا، بينها العديد من الأنواع النادرة. تجذب الحديقة نحو ثلاثة ملايين زائر سنويًا، ويتجه إليها عشرات الآلاف من المصريين للاحتفال بالأعياد المختلفة خاصةً عيد شم النسيم، الذي يحتفل به المصريون منذ أيام الفراعنة والذي يعتبر إعلانًا لفصل الربيع وبداية الحياة الجديدة.

Reading قراءة

4. Read the text.

ضد حديقة الحيوان ولكن

من حين لآخر، ينظم المدافعون عن حقوق الحيوانات في مصر مسيرات احتجاجية مطالبين بإغلاق حديقة الحيوان بالجيزة. كما رفعت جمعية الرفق بالحيوانات دعوى قانونية على الحديقة بسبب الظروف المعيشية السيئة التي تعاني منها الحيوانات، مؤكدة أن سوء معاملة الحيوانات تعتبر جريمة يعاقب عليها القانون المصري منذ سنة ١٩٠٢. ويؤكد أنصار حقوق الحيوانات أن احتجاز الحيوانات في أقفاص صغيرة ليس الطريقة المناسبة للعناية بها، بل هو أمر مهين لها، إذ أنها خلقت لتعيش حرة طليقة في بيئتها الطبيعية. ويستند هذا الرأي إلى الاعتقاد بأن كل الكائنات الحية لها حق في حياة كريمة، وبالتالي فإنه لا يجوز اعتبار الحيوانات ممتلكات للناس واستخدامها للتسلية والترفيه.

من المعروف أن حديقة الحيوان بالجيزة مرت بظروف صعبة في الفترة الماضية. فقد أغلقت لأول مرة لمدة شهرين عام ٢٠٠٦ خوفًا على الحيوانات والطيور من

الإصابة بإنفلونزا الطيور. وتدهورت أوضاعها تدهورًا شديدًا بعد ثورة يناير ٢٠١١، إذ اضطرت إلى إغلاق أبوابها أكثر من مرة في ظل الأزمة الأمنية والاقتصادية في البلاد. ثم جاءت جائحة كورونا في سنة ٢٠٢٠ فتسببت في إغلاق الحديقة أمام الزوار لمدة تجاوزت ستة شهور. توقفت الإيرادات بشكل تام بينما ظلت النفقات كما هي، إذ يجب على الحديقة توفير الطعام والرعاية للحيوانات من جهة ورواتب العاملين من جهة أخرى. كما أثر انقطاع الزوار سلبًا على نفسية بعض الحيوانات التي عانت من الشعور بالوحدة والاكتئاب.

حقوق الحيوانات قضية مهمة تستحق المزيد من الاهتمام. لكن مصير حديقة الحيوان بالجيزة ليس قضية نظرية فلسفية، وإنما هي مشكلة حقيقية تحتاج إلى حل عملي. حتى لو كنا ضد حبس الحيوانات من حيث المبدأ، لا يمكننا إطلاق سراحها، إذ نعلم أن الحيوانات التي عاشت في الأقفاص مدة طويلة غير قادرة على الحياة في البرية مرة أخرى. ناهيك عن أن الحديقة تمثل مصدرًا رئيسيًا للدخل لجميع العاملين فيها، وبالتالي فإن في إغلاقها إيذاء للحيوان والإنسان على حد سواء. إذن فلا بد من المزيد من الاستثمار في الحديقة لتحسين ظروفها وتمكينها من أداء دورها في حماية الحيوانات والحفاظ عليها، وتوعية الناس بأهمية قضايا الحيوانات البرية في عالمنا المعاصر.

5. Answer the questions.

أ) ما القضية، وما أسبابها؟
ب) ما بعض الأحداث التي أثرت في القضية؟
ت) ما رأي الكاتبة في القضية، ولماذا؟
ث) هل تتفقون معها أم لا، ولماذا؟

Vocabulary and Expressions مفردات وعبارات

6. Study the following words. In what context is each one used in the text?

to hold, trap	احتجز
cage	قفص ج أقفاص
to insult	أهان
to infect	أصاب
to deteriorate	تدهور
crisis	أزمة ج ات
pandemic	جائحة ج جوائح
income	إيراد ج ات
expenditure	نفقة ج ات
destiny	مصير

7. Fill in each space with a word from the table above. Answer each question.

أ) لماذا .... الإنسان حيوانات برية في اقفاص؟
ب) كيف أثرت ...... كورونا في حدائق الحيوانات؟
ت) هل ..... حديقة الحيوانات أكبر من نفقاتها؟
ث) كيف أثرت ..... الاقتصادية في الحديقة؟
ج) ما هو ..... حدائق الحيوان في المستقبل؟

8. What springs to mind when you read each phrase?

أ) مسيرة احتجاجية
ب) ظروف معيشية سيئة
ت) أمر مهين
ث) تدهور الأوضاع
ج) إيذاء الحيوانات

9. Fill in each space with the appropriate preposition.

أ) يجب أن ندافع جميعًا ..... حقوق الحيوانات.
ب) الحيوانات البرية تعاني ..... الاكتئاب في الاقفاص.
ت) الحيوانات في الحديقة غير قادرة ..... العيش في البرية.
ث) جائحة كورونا تسببت .... أزمة نفسية لبعض الحيوانات.
ج) فكرة حقوق الحيوانات تستند .... كونها كائنات حية.

10. Study the following expressions. In what context is each one used in the text?

to file a lawsuit against	رفع دعوى قانونية على
even if	حتى لو
in principle	من حيث المبدأ
equally	على حد سواء
to set free	أطلقَ سراح

11. Fill in each space with an expression from the table above. Discuss two statements.

أ) لا يمكن ...... الحيوانات التي تعيش في الحدائق.
ب) يجب ...... جميع حدائق الحيوان في العالم.
ت) لن تكون الحيوانات سعيدة في القفص ..... كان جميلًا.
ث) إغلاق الحديقة سيؤذي الحيوانات والناس على حدٍ سواء.
ج) أنا أؤمن بحق الحيوانات بحياة كريمة ......

Verbs and Verb Forms أفعال وأوزان

12. Review geminated verbs (الفعل المُضَعَّف) and complete the chart below.

اسم المفعول	اسم الفاعل	المصدر	المضارع	الماضي	الوزن
				حقّ	I
			يحقّق		II
		تحقق			V
	مستحق				X
مسوَّق					ض ه د

13. Use the verbs from the chart to complete the paragraph below. Discuss.

يشير المدافعون عن حقوق الحيوانات إلى أن الحيوانات كائنات حية وبالتالي فإنه ..... لها أن تمتلك حياتها وتعيش حياة كريمة، ولا ..... للإنسان أن ينظر إليها على أنها من ممتلكاته. يعتقد الكثيرون أن تقدم البشرية لا يمكن أن ..... بدون احترام لكل الكائنات الحية. وقد أثبتت بعض الدراسات الحديثة أن قضية العنف ضد الحيوانات ...... الاهتمام لأن الناس الذين يسيئون معاملة الحيوانات يسيئون معاملة الآخرين أيضًا. ولا يستطيع الشخص الذي يؤذي حيوانات أن ...... السعادة في العلاقات الإنسانية.

Language Functions وظائف لغوية

Giving reasons

The following connectors are used when talking about reasons in contexts which require higher language registers, like in lectures, and public debates.

a) The connector إذ, meaning "as/since," is followed by a verb.

followed by a verb ← إذ

He opposes zoos **as he believes** that they violate animal rights.

يعارض حدائق الحيوان **إذ يعتقد** أنها تنتهك حقوق الحيوانات.

They filed a lawsuit against the zoo **as** they found it mistreats animals. | رفعوا دعوى على الحديقة **إذ وجدوا** فيها سوء معاملة للحيوانات.

b) The connector إذ إن, meaning "as/since," is followed by a nominal sentence.

followed by a nominal sentence ← إذ إنّ

The zoo cannot be closed **as** the animals cannot live in the wilderness again. | لا يمكن إغلاق الحديقة **إذ** أنَّ الحيوانات غير قادرة على الحياة في البرية مرة أخرى.

Safety and security standards must be observed **for** they equally protect animals and people. | يجب مراعاة معايير الأمن والسلامة **إذ أنها** تحمي الحيوانات والناس على حدٍ سواء.

Drawing a conclusion

a) The connector إذن, which means "hence, thus," is used to signal a logical conclusion or a reasonable inference based on a previous statement or statements. It is often followed by the connector **فإنّ**, which introduces a nominal sentence.

followed by a nominal sentence ← إذن فإنّ

Animals do not have minds or language. **Hence**, they do not have rights. | الحيوانات ليس لها عقل ولا لغة، **إذن فإنها** لا تملك حقوقًا.

Those responsible for the zoo are negligent. **Hence**, they must be punished. | المسؤولون عن الحديقة مهملون، **إذًا فإنهم** يجب أن يعاقَبوا.

The connector إذن can also be followed by فـ introducing a verb in the present tense.

followed by a present tense verb ← إذن فـ

Those responsible for the zoo are negligent. **Hence**, they must be punished. | المسؤولون عن الحديقة مهملون، **إذن فيجب** أن يعاقبوا.

These animals are not able to live in the wilderness; **thus**, we cannot return them there.	هذه الحيوانات غير قادرة على الحياة في البرية، إذن **فلا يمكن** أن نعيدها إليها.

b) The connector (فإنّ) وبالتالي means "consequently" or "therefore."

followed by a nominal sentence ← فإنّ َوبالتالي

Animals are living beings; **therefore**, they have a right to dignified life.	الحيوانات كائنات حية **وبالتالي (فإنّ)** لها الحق في حياة كريمة.
Some wild animals are threatened by extinction; **therefore**, we need to put them in zoos to protect them.	بعض الحيوانات البرية مهددة بالانقراض **وبالتالي (فإننا)** يجبٍ أن نضعها في حدائق الحيوان حفاظًا عليها.

14. Find the above structures in the text and highlight them. Translate the sentences in which they appear into English.

15. Fill in each space with a construction above. Discuss.

أ) نحن نحتاج إلى حدائق الحيوانات .... المكان المناسب للتقارب بين البشر والحيوانات البرية.
ب) من المهم أن نرى الحيوانات .... لا نستطيع أن نقيم علاقة معها عن طريق الصور والأفلام.
ت) حدائق الحيوانات تحمي الحيوانات المهددة في بيئتها الطبيعية ..... فإنها تساهم في الاحتفاظ بها.
ث) حدائق الحيوانات تخدم الإنسان والحيوان على حدٍ سواء .... يجب الاستثمار فيها.
ج) زيارة حدائق الحيوانات ليست جيدة للأطفال .... يتعلمون فيها أن حبس الحيوانات شيء مقبول.
ح) الأطفال يحبون الديناصورات .... يمكنهم أن يحبوا الحيوانات البرية بدون أن يشاهدوها في الحديقة.
خ) شهدت حدائق الحيوانات في العالم العديد من الحوادث ..... إنها خطيرة على الحيوانات والناس على حدٍ سواء.

Role-Playing لعب الأدوار

16. Work with a partner to do the following role-play.

دور ب	دور أ
تؤيد/تؤيدين بشدة فكرة إغلاق حديقة الحيوانات.	تعارض/تعارضين بشدة فكرة إغلاق حديقة الحيوانات.

Useful expressions

Interrupting

One moment please.	لحظة من فضلك.
I am sorry to interrupt but . . .	أنا آسف/ـة للمقاطعة ولكن . . .
Allow me to tell you something.	اسمحْ/اسمحي لي أن أقول لك شيئًا.

Holding the floor

Please do not interrupt me.	لو سمحت/ي، لا تقاطعني/تقاطعيني.
Please give me a chance to finish what I was saying.	من فضلك أعطِني/أعطيني فرصة أن أكمل كلامي.
Please hear me out.	من فضلك اسمعني للنهاية..

Writing كتابة

17. Respond to the following prompt.

أطلقت حديقة الحيوان في مدينتكم حملة بعنوان "أنقذوا حديقة الحيوان." وطلبت الحديقة من سكان المدينة أن يقدموا اقتراحاتكم بشأن أفضل سبل التعامل مع المشاكل التي تواجهها الحديقة في الفترة الأخيرة. فيما يلي قائمة المشاكل، ويمكنكم اختيار بعضها لتقديم اقتراحاتكم بشأنها.

١. قلة الإيرادات بسبب انقطاع الزوار عن الحديقة.
٢. زيادة نفقات علاج الحيوانات المصابة بالأمراض.
٣. عدم وجود عدد كاف من العاملين المدربين للتعامل مع الحيوانات البرية.
٤. إصابة أكثر الحيوانات شعبية، مثل الغوريلا والشمبانزي والببغاوات، بالاكتئاب بسبب قلة الزوار.
٥. وقوع طفل صغير في قفص الأسد، ما أدى إلى قتل الأسد برصاص.
٦. عدم توفر الأكل الكافي لإطعام الحيوانات.
٧. هروب دب من الحديقة، ما تسبب في ذعر الناس وأدى إلى قتله.
٨. قتل النمر لحارسه أثناء وجود الحارس داخل القفص لإطعامه.
٩. رفع دعوى قانونية على الحديقة بسبب بيعها للفيل إلى سيرك.

١٠. رفع دعوى قانونية على الحديقة بسبب قتلها لبعض الحيوانات غير المحبوبة لإطعام الحيوانات الأخرى.
١١. عرض رجل غني معروف لشراء بعض الحيوانات لحديقته الخاصة.

Write a proposal for the solution of some issues. Include the following constructions and expressions in your writing:

أ) إذ/إذ إنّ/حيث/حيث إن
ب) إذن/وبالتالي فإن
ت) من حيث المبدأ
ث) على حد سواء
ج) حتى لوً

Up for Discussion مطروح للنقاش

18. Discuss the following scenario.

ستشاركون في مناقشة عامة حول مستقبل حديقة الحيوان في المدينة التي تعيشون فيها. أطلقت الحديقة حملة "أنقذوا حديقة الحيوان" وطلبت من زوارها ومحبيها من جهة والعاملين فيها من جهة أخرى تقديم اقتراحات حول عدد من القضايا التي تواجهها الحديقة في الفترة الأخيرة. ومن بين القضايا المطروحة للنقاش:

١. قلة الإيرادات وزيادة النفقات
٢. عدم توفر العاملين المدربين
٣. عدم توفر أكل لإطعام الحيوانات
٤. إصابة الحيوانات بأمراض
٥. وقوع الحوادث في الحديقة
٦. التعامل مع الدعاوى القانونية المرفوعة على الحديقة
٧. عرض شخص غني لشراء بعض الحيوانات
٨. طرق الحث على الاستثمار في الحديقة

الهدف من الاجتماع هو التوصل إلى اتفاق حول حل للمشاكل التي تواجهها الحديقة وضمان استمرارها في المستقبل.

Discussion 9: Do Universities Need Dress Codes?

النقاش التاسع: هل تحتاج الجامعات إلى قواعد الملبس؟

Language in Focus

- Specifying conditions under which the statement being made is valid
- Specifying conditions under which the statement being made is not valid

Structures and Connectors

- بشرط أنْ + الفعل المضارع المنصوب
- إلا إذا + الفعل الماضي/ما لم + الفعل المضارع المجزوم

Introduction مقدمة

1. Work with a partner. Ask each other questions about:

- قواعد الملبس في الجامعة
- أهمية قواعد الملبس

2. Are these statements true? Explain.

أ) الطلاب الجامعيون يهتمون بآخر صيحات الموضة.
ب) الجامعة ليست مكانا مناسبًا لارتداء الجينز المقطع.
ت) الملابس حرية شخصية وقواعد الملبس تنتهك هذه الحرية.
ث) اختيار الملابس وسيلة من وسائل التعبير عن النفس.

3. Read the paragraph below. What is the main idea? Ask two questions about it.

ما زالت موضة ارتداء الجينز الممزق تثير جدلاً واسعًا في المجتمعات العربية رغم مرور سنوات على ظهورها. يقول البعض إنها موضة قبيحة ومنظر غير لائق وتقليد أعمى لنمط الحياة الغربية، بينما يعتبرها الآخرون حرية شخصية لجيل الشباب المتمرد على القيم والتقاليد القديمة. وقد وضع العديد من الجامعات العربية شروطا لدخول الطلاب إلى الحرم الجامعي ومنعت ارتداء الجينز الممزق داخل قاعات المحاضرات وخارجها في الحرم الجامعي.

Reading قراءة

4. Read the text.

أنت حر ما لم تضر

تحولت جامعاتنا إلى مسرح لعرض الأزياء، إذ يتسابق الطلبة في الظهور بآخر صيحات الموضة، مثل بنطلون الجينز الممزق الذي انتشر في السنوات الأخيرة انتشار النار في الهشيم. قررت بعض الجامعات وضع حد لهذه الظاهرة التي تتنافى مع الذوق العام والمظهر اللائق للطالب الجامعي، وأصدرت قرارًا بمنع دخول الطلاب الذين يرتدون الجينز الممزق، والشورت، وتسريحات الشعر غير الملائمة، والسلاسل، وما شابه ذلك، إلى الحرم الجامعي. وفي الأسبوع الماضي بدأت الجامعات تتخذ إجراءات تأديبية ضد الطلاب المخالفين حيث تم فصلهم لمدة خمسة عشر يومًا. وقالت الإدارة إنها لن تسمح لهم بالعودة إلى الدراسة بعد فترة العقاب إلا إذا التزموا بقواعد الملبس اللائق.
أطلق بعض الطلاب حملة ضد قرار الجامعة على مواقع التواصل الاجتماعي، بدعوى أن فرض قواعد الملبس يمثل انتهاكا للحرية الشخصية التي يكفلها

الدستور لجميع المواطنين. ووصل بهم الحال إلى أن تحدّوا إدارة الجامعة قائلين إنهم لن يقبلوا فرض أي قواعد للسلوك إلا إذا كانت متعلقة بالأهداف الأكاديمية للجامعة. فاختيار الملابس، من وجهة نظرهم، يعكس شخصية الإنسان وهو وسيلة من وسائل التعبير عن النفس. وبالتالي فإنه يجب أن يكون لكل طالب حق أن يختار الشكل الذي يرغب أن يظهر به أمام الآخرين. ويرى هؤلاء أنه لا يجوز أن تتحكم الجامعة في مظهر الطلاب وتعاملهم كأنهم أطفال صغار.

أتذكر من أيامي في الجامعة أن أستاذا من الأساتذة حضر لجنة الامتحان بدون رابطة العنق فقامت الدنيا ولم تقعد. أما اليوم فحدث ولا حرج. ينسى شبابنا أو يتناسون أن الحرية الشخصية ليست مطلقة حتى يفعل الشخص ما يشاء بلا ضابط ولا رابط، وإنما هي مقيدة بمبدأ "أنت حر ما لم تضر". مظهر الطالب غير اللائق يدل على عدم احترامه للمؤسسة التعليمية، وهذا يسيء إليها. كل مكان له قواعده التي يجب أن يحترمها الجميع، فعلى سبيل المثال المسرح الكبير بدار الأوبرا يسمح بالدخول فيه بالملابس الرسمية فقط، فلماذا لم يقل أحد أن هذا انتهاك للحرية الشخصية؟ طلابنا لهم الحق في اختيار ملابسهم بشرط أن تتناسب مع القيم والأعراف الجامعية وقدسية المكان باعتباره دارًا للعلم والعلماء.

5. Answer the questions.

أ) ما هي الظاهرة التي يتناولها الكاتب؟
ب) كيف تعاملت بعض الجامعات معها؟
ت) ما هو رد فعل الطلاب على قرار الجامعة؟
ث) ما رأي الكاتب في الموضوع، ولماذا؟
ج) هل تتفقون معه أم لا، ولماذا؟

Vocabulary and Expressions مفردات وعبارات

6. Study the following words. In what context is each one used in the text?

clothes; fashion	زيّ ج أزياء
taste	ذوق ج أذواق
appropriate	لائق
measure	إجراء ج ات
claiming	بدعوى
to reflect	عكَس، يعكِس، العكس
to control	تحكم في
to indicate	دل، يدُل، الدليل على
mores	عُرف ج أعراف
as a	باعتباره

7. Fill in each space with a word from the table above. Answer each question.

أ) هل يجوز أن .... الجامعة في مظهر الطلاب؟
ب) ما بعض الملابس التي تتنافى و..... العام؟
ت) هل فصل الطالب من ...... التأديبية المناسبة؟
ث) ما هو المظهر ..... لطالب جامعي/طالبة جامعية؟
ج) كيف نعبر عن احترامنا للجامعة ..... مكانًا للعلم والعلماء؟

8. Give an example for each phrase.

أ) آخر صيحات الموضة
ب) فرض قواعد الملبس
ت) وسيلة للتعبير عن النفس
ث) انتهاك الحرية الشخصية
ج) القيم والأعراف الجامعية

9. Fill in each space with the appropriate preposition.

أ) الجامعة فرضت قواعد الملبس ..... الطلاب.
ب) لا يجوز أن تتحكم الجامعة .... الاختيارات الشخصية للطلاب.
ت) المنظر غير اللائق يدل ..... احترام الطالب للجامعة.
ث) منظر الطلاب غير اللائق يسيء ...... الجامعة.
ج) المسرح لا يسمح للناس .... الدخول إلا بالملابس الرسمية.

10. Fill in each space with the appropriate preposition.

أ) الجامعة فرضت قواعد الملبس ..... الطلاب.
ب) لا يجوز أن تتحكم الجامعة .... الاختيارات الشخصية للطلاب.
ت) المنظر غير اللائق يدل ..... احترام الطالب للجامعة.
ث) منظر الطلاب غير اللائق يسيء ...... الجامعة.
ج) المسرح لا يسمح للناس .... الدخول إلا بالملابس الرسمية.

11. Study the following expressions. In what context is each one used in the text?

to put an end to	وضع حدًا لـ . . .
they went as far as to	وصل بهم الحال إلى
there was an uproar	قامت الدنيا ولم تقعد
things got progressively worse	حدِّث ولا حرج
completely unrestrained	بلا ضابط ولا رابط

12. Fill in each space with an expression from the table above. Discuss two statements.

أ) بدأ الطلاب يدخلون الجامعة بملابس غير لائقة فـ.......
ب) الجامعة يجب أن ...... ظاهرة ارتداء الجينز الممزق.
ت) كان الناس يحترمون الحرم الجامعي أما اليوم فـ.....
ث) لا يحترم بعض الطلاب الأساتذة، .... الكلام معهم بصوت عالٍ.
ج) الحرية الشخصية لا تعني أن نعمل ما نشاء ......

Verbs and Verb Forms أفعال وأوزان

13. Review verb forms III and VI and complete the chart below.

الوزن	الماضي	المضارع	المصدر	اسم الفاعل	اسم المفعول
	عامل				
		يتعامل			
			مسابقة		
				متسابق	

14. Complete these statements with the appropriate form of the given root. Discuss.

أ) اختيار الملابس يجب أن .... مع الذوق العام. ن س ب
ب) لا يجوز أن ..... الجامعة الطلاب كأنهم أطفال. ع م ل
ت) يجب أن .... الطلاب في العلم وليس في الأزياء. س ب ق
ث) لا يجوز أن ..... الاختيارات الشخصية وحرية الآخرين. ع ر ض
ج) أنا لا ..... القرار بفرض قواعد الملبس في الجامعة. ع ر ض
ح) بعض الطلاب ..... قواعد السلوك في الجامعة تمامًا. ج ه ل
خ) من ينتقد الشباب اليوم ..... سلوكه في أيام شبابه. ن س ي

Language Functions وظائف لغوية

Specifying conditions under which a statement being made is valid

The phrase بشرط أنْ, which means "provided that," is used to express the idea that something can only happen or be true in particular circumstances. It is always followed by الفعل المضارع المنصوب (subjunctive).

followed by a subjunctive verb ← بشرط أنْ

Everyone is free to choose their clothes **provided that** they comply with the public morals.	كل شخص حر في اختيار ملابسه **بشرط أنْ** تتناسب مع الآداب العامة.
You can enter the campus **provided that** you stick to the dress code.	يمكنكم الدخول إلى الحرم الجامعي **بشرط أنْ** تلتزموا بقواعد الملبس.

The phrase بشرط ألا, which means "provided that . . . not," is used to specify a negative condition. Notice that ألا is sometimes used in its uncontracted form (بشرط أنْ لا).

followed by a subjunctive verb ← بشرط ألا

Everyone is free to choose their clothes **provided that** they **do not** clash with the public morals.	كل شخص حر في اختيار ملابسه **بشرط** أنْ **لا** تتعارض مع الآداب العامة.
You can enter the campus **provided that** you **do not** violate the dress code.	يمكنكم الدخول إلى الحرم الجامعي **بشرط ألا** تخالفوا قواعد الملبس.

Specifying conditions under which a statement being made is not valid

a) The construction ما لم, which means "unless," is used to express the idea that a statement being made is not true in particular circumstances. The particle لم is always followed only by a jussive verb (الفعل المضارع المجزوم).

followed by a jussive verb ← ما لم

Students are not allowed by enter the campus **unless** they abide by the dress code.	كل شخص حر في تصرفاته **ما لم يتعدّ** على حقوق الآخرين.
University dress codes will not change **unless** society and its values and norms change.	قواعد الملبس لا تتغير **ما لم يتغيرْ** المجتمع.

15. Find the above structures in the text and highlight them. Translate the sentences in which they appear into English.

16. Complete the following statements and compare with a partner. Discuss.

أ) إدارة الجامعة لها الحق أن تتحكم في اختيارات الطلاب بشرط أن ....
ب) يجوز للطلاب أن يرتدون البنطلونات الممزقة بشرط ألا ....
ت) لا يجوز أن تفرض الجامعة قواعد الملبس ما لم ....
ث) يسمح بارتداء الملابس التي تتنافى مع الذوق العام إلا إذا ....
ج) للطلاب حق أن يطلقوا حملة ضد إدارة الجامعة بشرط ألا ....
ح) للأساتذة الذكور حق أن يلبسوا ملابس نسائية بشرط أن ....
خ) من غير المقبول أن نرتدي المايو إلا إذا ....
د) لكل شخص الحق في ممارسة الحرية الشخصية ما لم ....

Role-Playing لعب الأدوار

17. Work with a partner to do the following role-play.

دور ب	دور أ
تعتقد/ تعتقدين أن للطلاب الحق أن يرفضوا ارتداء الزي الموحد لكن بشروط معينة. حدد/حددي الشروط واشرح/اشرحي وجهة نظرك.	تعتقد/تعتقدين أن للجامعة الحق أن تفرض الزي الموحد على الطلاب بشروط معينة. حدد/حددي تلك الشروط واشرح/اشرحي وجهة نظرك.

Useful expressions

Clarifying

Allow me to clarify the issue.	اسمحْ/اسمحي لي أن أوضّح المسألة.
Let me explain.	دعْني/دعيني أشرح.
For clarification, I say that . . .	للتوضيح أقول إنّ . . .

Asking for clarification

What do you mean (by that)?	ماذا تقصد/تقصدين (بذلك)؟
Excuse me, could you explain more?	عفوًا، هل يمكنك أن تشرح/تشرحي أكثر؟
I would like to ask for clarification.	أود أن أستوضح.

Writing كتابة

18. Respond to the following prompt.

قررت إدارة الجامعة التي تعملون فيها وضع قواعد ملبس جديدة لجميع الطلاب والعاملين فيها. فيما يلي قائمة البنود التي يجب إدراجها في وثيقة القواعد الجديدة. المطلوب منكم أن تحددوا الشروط للسماح بكل بند من البنود أو منعه تمامًا داخل الحرم الجامعي. اكتبوا رأيكم في كل بند من البنود التالية وناقشوا الأسباب لاختياراتكم.

أ) بنطلون الجينز الممزق
ب) شورت/ملابس قصيرة/ملابس شفافة، وغيرها من الملابس التي تكشف الجسم
ت) ملابس عليها كتابة
ث) مستحضرات التجميل
ج) العطور
ح) لبس الذهب والمجوهرات والاكسسوارات
خ) تسريحة شعر غريبة
د) الوشم

Include the following structures and expressions in your writing:

أ) بشرط أن/بشرط ألا
ب) ما لم + الفعل المضارع المجزوم
ت) وضع حد لـ . . .
ث) بلا ضابط ولا رابط
ج) من حيث المبدأ

Up for Discussion مطروح للنقاش

19. Discuss the following scenario.

أنتم أعضاء في لجنة تقوم بتحديد قواعد المظهر في إحدى الجامعات الأمريكية الجديدة في دولة عربية. وصلكم العديد من الشكاوى من الأهالي وحتى الطلاب الذين قالوا إن الجامعة تحولت إلى مسرح لعرض الأزياء وأن العديد منها لا يتناسب وأعراف وقيم المجتمع، بل تمثل تقليداً لنمط الحياة الغربية. في الاجتماع السابق حصلتم على قائمة الموضوعات التي يجب النظر إليها واتخاذ قرار بمنعها أو السماح بها تحت شروط معينة.

الهدف من الاجتماع هو التوصل إلى اتفاق حول قواعد الملبس التي ستحدد المظهر اللائق للطلاب في الجامعة، بالإضافة إلى تحديد العقوبات التي ستفرضها الجامعة على الطلاب المخالفين لتلك القواعد.

Discussion 10: Are Talent Shows Good or Bad?

النقاش العاشر: برامج اكتشاف المواهب، ظاهرة إيجابية أم سلبية؟

Language in Focus

- Listing things
- Adding information of the same importance
- Adding information that is more important

Structures and Connectors

- أولًا، ثانيًا، ثالثًا، أخيرًا وليس آخرًا
- بالإضافة إلى، كما
- بل و، ناهيك عن، الأدهى والأمَرّ

Introduction مقدمة

1. Work with a partner. Ask each other questions about:

- مواهبكم الفنية
- برامج اكتشاف المواهب

2. What springs to mind when you read the following phrases?

أ) مسابقات اكتشاف المواهب
ب) لجنة التحكيم
ت) تحقيق النجومية بسرعة
ث) تحقيق أرباح هائلة

3. Read the paragraph below. What is the main idea? Ask two questions about it.

في عام ٢٠٠٣، أذاعت قناة ال بي سي اللبنانية النسخة العربية لبرنامج "ستار أكاديمي" الذي حقق نجاحًا غير مسبوق. وبعد ذلك انتشرت البرامج من هذا النوع انتشارًا واسعًا من المحيط إلى الخليج. وتقوم جميع تلك البرامج على فكرة اختيار عدد من الأشخاص الموهوبين من مختلف الدول العربية ليشاركوا في المسابقة، ثم يتم اختيار الفائز بناء على أصوات أعضاء لجنة التحكيم في الاستوديو بالإضافة إلى أصوات المشاهدين التى تبعث عن طريق الرسائل النصية. وبعد أن حققت برامج اكتشاف المواهب الغنائية شعبية كبيرة بدأت تظهر مسابقات مماثلة في مجالات أخرى، مثل الرقص والتمثيل والشعر وما إلى ذلك.

Reading قراءة

4. Read the text.

حقيقة برامج اكتشاف المواهب

انتشرت في السنوات الأخيرة برامج اكتشاف المواهب الغنائية كالنار في الهشيم، ابتداءً من "ستار أكاديمي،" مرورًا بـ"عرب أيدول" و"ذا فويس" ووصولا إلى "إكس فاكتور" و"أرابس غوت تالينت" وما إلى ذلك. حققت هذه البرامج شعبية واسعة، بل وضربت أرقامًا قياسية في نسب المشاهدة، حتى وصل عدد الذين يتابعون الموسم الحالي من "ذا فويس" إلى مائة مليون شخص. ويثير هذا الازدياد المبالغ فيه لبرامج اكتشاف المواهب تساؤلات حول أهدافها. فالهدف المعلن هو اكتشاف شباب موهوبين ومساعدتهم على تحقيق النجومية، غير أنّ معظم الفائزين

بالمسابقات الغنائية حتى الآن لم ينجحوا في إصدار ألبوم جيد واحد، ناهيك عن تحقيق شعبية واسعة.

في الحقيقة، لا يفعل القائمون على هذه البرامج شيئًا من أجل تنمية المواهب، بل ولا يهتمون بالمشاركين بعد انتهاء الحلقة الأخيرة من البرنامج. فالشباب الموهوبون بالنسبة لهم مجرد سلعة يستغلونها تجاريًا لتحقيق أرباح هائلة، ولا يعنيهم في شيء أن العديد منهم تعرَّض لأزمات نفسية بعد أن تحطمت أحلامهم، بل وحاول بعضهم الانتحار. والأدهى والأمَرّ أن هذا الوضع أصبح عاديًا لا يثير اهتمام أحد. كما لا يبالي أحد بحقيقة أن اختيار المتسابقين لا يتم على أساس الموهبة الفنية، بل على عوامل أخرى مثل المظهر والكاريزما والقصص المثيرة عن تجارب الشباب الحياتية؛ فهي العوامل التي تضمن نسبة المشاهدة والربح للبرامج أكثر من جمال الصوت والأداء والموهبة الفنية.

ولا يخفى على أحد أن مسابقات اكتشاف المواهب ساهمت في تردِّي المستوى الفني للغناء العربي. كما تسببت في تدهور الذوق العام، حيث فرضتٍ الاعتبارات التجارية والتسويقية على حساب القيمة الفنية. والأدلة كثيرة، أولا كما سبق وقلنا فإن اختيار المشاركين لا يمت للمعايير الفنية بصلة. ثانيًا، إن أعضاء لجنةٍ التحكيم فنانون مشهورون لكنهم ليسوا مدربين ولا مؤهلين لتقييم المواهب، ثالثًا، فإن الجمهور عندنا يصوّت عادةً للمشارك من بلده وليس لمن هو أكثر موهبة وأفضل أداءً. أخيرًا وليس آخرًا، تُلهي هذه البرامج شبابنا عن القضايا المجتمعية المهمة وتؤدي إلى تغييب الوعي وتسطيح العقول. لذلك ندعو لمقاطعة هذه البرامج التي لا يستفيد منها أحد سوى القنوات المنتجة لها.

5. Answer the questions.

أ) ما الموضوع وما المشكلة الرئيسية؟
ب) ما الفرق بين الهدف المعلن والهدف الحقيقي في رأي الكاتب؟
ت) ما التأثير على الشباب المشاركين؟
ث) ما تأثير كل ذلك على المستوى الفني، ولماذا؟
ج) ما هدف الكاتب من كتابة المقالة؟
ح) هل تتفقون معه أم لا، ولماذا؟

Vocabulary and Expressions مفردات وعبارات

6. Study the following words. In what context is each one used in the text?

talent	مَوْهبة ج مواهب
to exaggerate in	بالغ في
to develop	نمّي
to exploit	استغل
factor	عامِل ج عوامل
performance	أداء

to worsen	تردّى
to deteriorate	تدهور
qualification	مؤهل ج ات
to distract	ألهى عن

7. Fill in each space with a word from the table above. Discuss two statements.

أ) برامج اكتشاف المواهب ..... الشاب من أجل تحقيق أرباح هائلة.
ب) ..... النجاح في البرامج ترتبط بالمظهر والكاريزما والتجارب الحياتية.
ت) تسببت هذه البرامج في ..... المستوى الفني للغناء العربي بشكل عام.
ث) أعضاء لجنة التحكيم ليسوا..... لتقييم المواهب كما هو الحال مع المشاهدين.
ج) القائمون على البرامج لا يفعلون شيئًا من أجل ..... مواهب المشاركين.

8. Rate the following in terms of importance for becoming a pop star.

مظهر - كاريزما - صوت - أداء - تجارب حياتية صعبة - حظ

9. Give an example for each one of the following phrases.

أ) رقم قياسي
ب) نسبة المشاهدة العالية
ت) تحقيق أرباح هائلة
ث) تدهور الذوق العام
ج) تسطيح عقول الشباب

10. Fill in each space with the appropriate preposition.

أ) برامج اكتشاف المواهب تلهي الشباب .... القضايا المجتمعية المهمة.
ب) يبالغ الناس .... الاهتمام ببرامج اكتشاف المواهب.
ت) لا أحد يبالي ..... المشاركين بعد انتهاء الحلقة الأخيرة من البرنامج.
ث) بعض المشاركين تعرضوا .... أزمات نفسية كبيرة.
ج) كثير من الشباب الذين فازوا .... المسابقة لم يحققوا النجومية بعد ذلك.

11. Study the following expressions. In what context is each one used in the text?

to hit a record high	ضرب رقمًا قياسيًا
what is even worse	الأدهى والأمرّ
no one cares	لا أحد يبالي

لا يمُت لـ . . . بصلة   it has nothing to do with . . .

لا يخفى على أحد أنّ . . .   it is no secret that . . .

12. Fill in the spaces with the expressions above. Discuss two statements.

أ) برامج اكتشاف المواهب .... في نسبة المشاهدة في كل أنحاء العالم.
ب) طريقة اختيار المشاركين ..... للمعايير الفنية ....
ت) ..... أن هذه البرامج تستغل الشباب الموهبين لتحقيق أرباح هائلة.
ث) هذه البرامج تحطم آمال الشباب، ..... أنها تسبب لهم أزمات نفسية خطيرة.
ج) ..... تردي المستوى الفني للغناء العربي بسبب هذه البرامج.

Verbs and Verb Forms أفعال وأوزان

13. Complete the chart below.

الوزن	الماضي	المضارع	المصدر	اسم الفاعل	اسم المفعول
	استغل				
	أدّى				
	تردى				
	تدهور				
	ألهى				

14. Complete these statements with a word from the chart. Discuss one statement.

أ) ..... الذوق العام بسبب مشاهدة التلفزيون.
ب) إنّ ..... الأوضاع الاقتصادية يؤثر سلبًا في المستوى الفني.
ت) إنّ ..... الشباب من أجل الربح عمل غير أخلاقي.
ث) هناك أشياء كثيرة ..... الناس عن القضايا المجتمعية المهمة.
ج) ..... أهم من جمال الصوت بالنسبة لنجاح المغني.

Language Functions وظائف لغوية

Listing things

These transition words and expressions are used when we are listing things or issues.

a) First, second, third, and finally	أولًا، ثانيًا، ثالثًا، وأخيرًا
To become a star, you need **first**, a talent, **second**, perseverance, **third**, charisma, **and finally**, an audience!	لكي تصبح نجمًا تحتاج **أولًا** إلى موهبة، **ثانيًا** المثابرة، **ثالثًا** الكاريزما، **وأخيرًا** الجمهور!
b) starting with, and then, and ending with	ابتداء من، مرورًا بـ، ووصولًا إلى/انتهاءً بـ
These programs raise a number of issues, **starting** with humane concerns, **and then** moral concerns, **and ending with** political ones.	تثير هذه البرامج عددًا من الهموم **ابتداء من** الهمِّ الإنساني، **مرورًا بالهمِّ** الأخلاقي، **ووصولًا إلى** الهمِّ السياسي.
c) last but not least	أخيرًا وليس آخرًا
Last but not least, we have to be concerned about the artistic level.	**أخيرًا وليس آخرًا** يجب أن نهتم بالمستوى الفني.

Adding information of equal importance

When adding information of approximately equal importance, we can use these transitions.

a) in addition to	إضافة إلى/بالإضافة إلى/ أضف إلى ذلك أنّ
People watch foreign programs **in addition to** local ones.	يشاهد الناس البرامج الأجنبية **إضافةً إلى** البرامج المحلية.
What distinguishes a singer is the beauty of his voice **in addition to** his ability to perform.	ما يميز المطرب جمال صوته **بالإضافة إلى** القدرة على الأداء.

A variation of this is the expression أضف إلى ذلك أنّ followed by a nominal

These programs waste time; **furthermore**, they are expensive.

هذه البرامج تضيع الوقت. **أَضِفْ إلى ذلك** أنها مكلفة.

b) and also

كما

Young people follow the program, **and they also vote** for one of the contestants every week.

يتابع الشباب البرنامج **كما يصوتون** لأحد المتسابقين كل أسبوع.

Adding information that is more important

When adding information that is more important than what has been previously stated or which provides stronger evidence to the argument, we can use the following connectors.

a) The connector بـل, which means "moreover," "furthermore," or "even," is often followed by الـواو when used in this sense.

Some people object to these programs; they **even** demand that they be banned.

بعض الناس يعترضون على هذه البرامج **بل ويطالبون** بمنعها.

Some contestants suffer from tension and **even** from neurotic disorders.

يعاني بعض المتسابقين من التوتر **بل** والاضطرابات النفسية.

When بـل is preceded by a negative statement, it can have different meanings. The context will give you the clue on how to interpret it. Consider the following examples:

The producers do not care about talent, **rather**, (they care about) profit.

المنتجون **لا** يهتمون بالمواهب **بل** بالأرباح.

The producers do not only look for talent **but also** for looks.

المنتجون **لا** يبحثون عن المواهب فحسب **بل** عن الشكل **أيضا**.

The producers do not look for talent; they do not **even** care about it.

المنتجون **لا** يبحثون عن المواهب **بل ولا** يهتمون بها.

b) The connector ناهيك عن, which means "let alone," is followed by a noun or a phrase.

Winners do not succeed in making a good album **let alone** achieving great popularity.

الفائزون لا ينجحون في إصدار ألبوم **ناهيك عن** تحقيق شعبية كبيرة.

Young people are not interested in current events **let alone** political issues.	لا يهتم الشباب بالأحداث الراهنة **ناهيك عن** القضايا السياسية.

c) For adding more emphasis on the idea that a piece of information is more significant in a more negative sense than what has been previously stated, we can use the expression والأدهى والأمرّ, which means "what is even worse."

Winners do not succeed in releasing an album. **What is even worse is that** no one cares.	الفائزون لا ينجحون في إصدار ألبوم. **والأدهى والأمرّ أنّ** لا أحد يبالي.

15. Find the above connectors in the text and highlight them. Translate the sentences in which they appear into English.

16. Write a paragraph in support of the idea "talent shows are bad." List the following arguments as you find appropriate and add some of your own.

- الجمهور غير مؤهل لتحديد المواهب.
- أعضاء لجنة التحكيم غير متخصصين في تقييم الفن.
- المنتجون يفرضون المعايير الخاصة بالمظهر والشكل والحضور.
- القائمون على البرنامج لا يهتمون إلا بالربح.
- هذه البرامج تساهم في تدهور مستوى الفن الغنائي.

17. Write a paragraph in support of the idea "talent shows are good." List the following arguments as you find appropriate and add some of your own.

- هذه البرامج تساهم في التقريب بين الشعوب العربية.
- المتسابقون من دول عربية مختلفة.
- أعضاء لجنة التحكيم من دول عربية مختلفة.
- الهدف من البرنامج هو اختيار الموهبة العربية وليس المصرية أو اللبنانية، إلى آخره.
- الجمهور يحسُّ أن صوته مهمٌّ وهذا مثل التدريب على الديموقراطية.

Role-Playing لعب الأدوار

18. Work with a partner to do the following role-play.

دور ب	دور أ
تعتقد/ تعتقدين أن الأطفال يجب أن يشاركوا في برامج اكتشاف المواهب.	تعتقد/تعتقدين أن الأطفال لا يجب أن يشاركوا في برامج اكتشاف المواهب.

Useful expressions

Arguing for

I support this idea.	أنا أؤيد هذه الفكرة.
It is indisputable that this idea is great.	لا جدال في أن هذه الفكرة ممتازة.
I am wholeheartedly for this.	أنا مع هذا قلبًا وقالبًا.

Arguing against

I object to this completely.	أعترض على ذلك تمامًا.
This is completely unacceptable.	هذا الأمر غير مقبول إطلاقًا.
This idea is utterly unacceptable.	هذه الفكرة مرفوضة تمامًا.

Writing كتابة

19. Respond to the following prompt.

تريد إحدى المحطات التلفزيونية عرض برنامج جديد في مجال مسابقات المواهب. حصلت المحطة على بعض الاقتراحات وطلبت من المشاهدين إبداء الرأي فيها. ما هي أنجح فكرة في رأيكم؟ هل عندكم اقتراح آخر للمسابقة الجديدة؟ اكتبوا رسالة إلكترونية للمحطة تقدمون فيها رأيكم في الموضوع. وفيما يلي الاقتراحات التي حصلت عليها المحطة حتى الآن.

أ) "الكوميديان" برنامج يهدف إلى اكتشاف مواهب التمثيل الكوميدي. وجائزة البرنامج هي الحصول على دور البطولة في مسلسل كوميدي جديد سيصور بعد نهاية البرنامج.

ب) "شاعر المليون" برنامج متخصص في مسابقة الشعر. وتتألف لجنة التحكيم من خمسة أعضاء كلهم نقّاد أدب من مختلف الدول العربية.

ت) "ملكة الرقص الشرقي" برنامج يهتم بتنمية مواهب الرقص الشرقي، والمشاركة التي تفوز بلقب الملكة ستحصل على تمويل لافتتاح مدرسة للرقص الشرقي.

ث) "الزعيم" برنامج يهدف إلى اختيار الشباب الذين يتميزون بمقومات القيادة والزعامة وتدريبهم على تقوية المهارات التي يحتاجون إليها للعمل في مجال السياسة.

ج) "مذيع العرب" برنامج يسعى لاكتشاف مواهب في التقديم التلفزيوني والتدريب على تقديم البرامج في المجالات المختلفة، كالبرامج الاجتماعية وبرامج المسابقات والبرامج السياسية والتقديم الإخباري، إلخ.

Include the following structures and expressions in your writing:

أ) بالإضافة إلى، كما
ب) بل و، ناهيك عن، والأدهى والأمرّ
ت) لا يخفى على أحد
ث) لا أحد يبالي بـ . . .
ج) لا يمت لهذا بصلة

Up for Discussion مطروح للنقاش

20. Discuss the following scenario.

أنتم مجموعة من العاملين في قناة تلفزيونية عربية. وقد قررت إدارة القناة إضافة ثلاثة برامج جديدة لاكتشاف المواهب المختلفة. قدموا الاقتراحات وأيدوها بحجج مقنعة.
الهدف من الاجتماع هو التوصل إلى اتفاق حول البرامج التي تتوقعون أن تضرب أرقامًا قياسية في نسبة المشاهدة.

Discussion 11: Why Is Rap Music so Popular among Arab Youth?

النقاش الحادي عشر: لماذا تتمتع موسيقى الراب بشعبية كبيرة عند الشباب العرب؟

Language in Focus

- Comparing and Contrasting

Structures and Connectors

- اسم التفضيل
- التمييز

Introduction مقدمة

1. Work with a partner. Ask each other questions about:

- أنواع الموسيقى المفضلة
- آرائكم في موسيقى الراب

2. Are these statements true or not? Explain.

أ) أغاني البوب أكثر شعبيةً من أغاني الراب.
ب) الشباب أكثر اهتمامًا بالراب من الكبار.
ت) أغاني الراب هي أكثر الأغاني إثارةً للجدل.

3. Read the paragraph below. What is the main idea? Ask two questions about it.

نشأت موسيقى الراب في سبعينيات القرن الماضي في حي برونكس بنيويورك على أيدي الأمريكيين الأفارقة في إطار ثقافة الهيب هوب. أغاني الراب أقرب إلى التحدث بقافية معينة وإيقاع متميز لكن بدون الالتزام بلحن معين، فيمكن القول إنها تجمع بين الكلام والشعر والنثر والغناء. أما كلمات الأغاني فإنها تعالج المشاكل الاجتماعية الكبيرة، مثل الجريمة والمخدرات والفقر والعنصرية ونقد السلطات السياسية وأجهزة الدولة. وقد ساهمت التكنولوجيا الحديثة في نشر الراب خارج حدود أمريكا، حتى أصبح نوع الفن الأسرع انتشارًا بين الشباب في العالم.

Reading قراءة

4. Read the text.

تغيير المجتمع على إيقاع موسيقى الراب

تمر شعوبنا العربية بأزمات كبيرة ومآس حقيقية، لكن معظم أغانينا لا تزال تتكلم عن الحب والغرام ومشاكل العلاقات العاطفية. فالأغنية الرومانسية الخفيفة هي الأغنية الأكثر طلبًا والأكثر مبيعًا في الأسواق من المحيط إلى الخليج، وذلك بالرغم من أن كلماتها لا تمت للواقع التي نعيش فيه بصلة ولا تتطرق إلى الهموم اليومية للإنسان العربي. لكن رياح التغيير التي تجتاح بلادنا في العقود الأخيرة بدأت تؤثر على الساحة الموسيقية أيضا. فقد أقبل شبابنا على أغاني الراب التي تحمل رسائل سياسية واجتماعية وثقافية واضحة. وبخلاف المستمع العادي الذي يبحث عن أغاني الحب هربًا من الواقع المر الذي يعيش فيه، يتجه شبابنا إلى أغاني الراب لأنها تنتقد هذا الواقع وتتمرد عليه.

من أقدم فرق الراب في منطقتنا العربية ومن أكثرها نجاحًا فرقة "دام" الفلسطينية. أصدرت "دام" ألبومها الأول عام ٢٠٠٩ بعنوان "أوقفوا بيع المخدرات" وركزت على مشاكل

الحياة في مدينة اللد التي تعتبر أكبر سوق للمخدرات في الشرق الأوسط. وتعبّر كلمات الأغاني عن إحباط الشباب وغضبهم من الأوضاع التي يعيشون فيها. لم يكن لموسيقى الراب في البداية جمهور كبير، لكنها أصبحت أوسع انتشارًا بعد اندلاع أحداث الربيع العربي، إذ اتخذها الشباب وسيلة للمقاومة. ففي تونس، كانت أغاني "الجنرال" من محركات الثورة، أما في مصر فقد كانت أغنية "السجين" لفرقة "أرابيان نايتز" من أكثر الأغاني شعبية بين الشباب المحتشدين في ميدان التحرير في يناير عام ٢٠١١.

أغاني الراب من أكثر أنواع الموسيقى إثارةً للجدل بسبب الموضوعات الاجتماعية الشائكة التي تعالجها، ولأنها بعيدة كل البعد عن قصص الحب والمشاعر الرقيقة، تستخدم ألفاظًا خارجة وعبارات حادَّة تصل إلى السب والشتم للتعبير عن الغضب والرفض للظلم والتهميش، والفقر والعنصرية والأوضاع المعيشية المزرية. فإن من يتعامل مع الواقع المرّ لا يمكن أن يتكلم بنفس اللغة التي يتكلم بها من يبكي حزنًا على الحبيبة التي تركته. قد لا تستطيع الموسيقى أن تغير العالم، إلا أن الأغنية الهادفة أكثر قدرة على تحريك المشاعر من الخطب السياسية. إن الإنسان العربي اليوم بأمسِّ الحاجة إلى أغنيات جادة تستخدم قوة الكلمة لحث المستمع على التفكير والعمل من أجل التغيير الإيجابي في المجتمع.

5. Answer the questions.

أ) ما أكثر انواع الموسيقى شعبية، ولماذا؟
ب) كيف تختلف أغاني الراب عن الأغاني الرومانسية؟
ت) ما الموضوعات التي تتناولها أغاني الراب؟
ث) لماذا تعتبر أغاني الراب من أكثر الأغاني إثارةً للجدل؟
ج) ما رأي الكاتبة في موسيقى الراب ودورها في المجتمع؟
ح) هل تتفقون مع كاتبة المقالة أم لا، ولماذا؟

Vocabulary and Expressions مفردات وعبارات

6. Study the following words. In what context is each one used in the text?

tragedy	مأساة ج مآس
to touch upon	تطرق إلىَ
to sweep	اجتاح
to escape	هرَب، يهرَب، الهرْب
to resist	قاوم
to rebel against	تمرد على
to frustrate	أحبط
to rally	احتشد
thorny	شائك
to swear, curse	سبّ، يسِبّ، السَب

7. Fill in each space with a word from the table above. Discuss two statements.

أ) تعبر أغاني الراب عن ..... الشباب من الظلم والأوضاع المعيشية المزرية.
ب) في الربيع العربي، ..... الشباب في الميادين العامة وشوارع المدن الرئيسية.
ت) ..... الشباب على الأنظمة السياسية السائدة بطرق مختلفة، منها الموسيقى.
ث) الأغاني التي ..... إلى الظلم يمكن أن تساهم في تغيير الوعي المجتمعي.
ج) بعض المستمعين يبحث عن الأغاني الرومانسية .... من الواقع المر.

8. Which song lyrics would you describe using these words? Elaborate.

أ) بعيدة كل البعد عن الواقع
ب) أكثر تأثيرًا من الخطب السياسية
ت) يبكي حزنا على حبيبة تركته
ث) تحث المستمع على التفكير
ج) تستخدم ألفاظا خارجة تصل إلى السب والشتم

9. Fill in each space with the appropriate preposition.

أ) بعض البلدان العربية تمر ..... أزمات سياسية كبيرة.
ب) الأغنية الرومانسية الخفيفة لا تعبر ..... الواقع الذي نعيش فيه.
ت) تتطرق أغاني الراب ..... الموضوعات الشائكة في المجتمع.
ث) الشباب العرب يُقبل ...... موسيقى الراب في السنوات الأخيرة.
ج) نحتاج إلى كلمات الأغاني التي تحث المستمع ..... التفكير.
ح) يتمرد الشباب ..... الظروف التي يعيشون فيها من خلال الأغاني.

10. Study the following expressions. In what context is each one used in the text?

best seller	الأكثر مبيعًا
it has nothing to do with ...	لا يمُتّ لـ . . . بصلة
a far cry from	بعيدة كلّ البعد عن
in dire need of	في أمسّ الحاجة إلى
inappropriate words	ألفاظ خارجة

11. Fill in each space with an expression above. Answer the questions.

أ) ما هي الأغاني ..... الآن؟
ب) ما بعض الأغاني التي تعتبر ..... اهتمامات الشباب؟
ت) هل نحن فعلا .... الأغاني التي تتمرد على الواقع الذي نعيش فيه؟
ث) لماذا يستخدم بعض المغنين ..... في أغانيهم؟
ج) ما أنواع الموسيقى التي .... الشباب ..... ؟

Verbs and Verb Forms أفعال وأوزان

12. Review doubled verbs (الفعل المضعف) and complete the chart below.

اسم المفعول	اسم الفاعل	المصدر	المضارع	الماضي	الوزن
				سبّ	
			يحُدّ		
		اشتداد			
			يردّ		
				امتدّ	

13. Fill in each space with a word form the chart. Answer the questions.

أ) لماذا ..... اهتمام الشباب العرب بأغاني الراب؟
ب) إلى أين ..... موسيقى الراب بعد نشأتها في أمريكا؟
ت) هل حدث أن ..... أحدًا بسبب الأغاني التي يستمع إليها؟
ث) كيف .... على سؤال: ما هي الموسيقى المفضلة بالنسبة لك؟
ج) هل منع استخدام الألفاظ الخارجة في الأغاني ..... من حرية التعبير؟

Language Functions وظائف لغوية

Comparing and contrasting

The following are some of the structures used for comparing and contrasting. Study the examples.

a) اسم التفضيل
The form أفعل of a simple two-syllabic adjective e.g., (كبير، ناجح) can be used to express both a comparative and a superlative. When it is used after the noun it qualifies, it expresses a comparative (e.g., bigger, more successful). When it is used as the first member in an indefinite إضافة construct with the noun it qualifies, it expresses a superlative.

ناجح ← أنجح كبير ← أكبر

Rap is a **more successful** way of expressing anger. — الراب أسلوب **أنجح** للتعبير عن الغضب.

Rap **is the most successful** way of expressing anger. — الراب **أنجح أسلوب** للتعبير عن الغضب.

b) التمييز

Al-tamyiz is an indefinite noun, usually a *masdar* in the accusative case (المنصوب), that clarifies what quality is being compared. When used with the word أكثر, it can be used to express either a comparative or a superlative. To express a comparative (e.g., more successful), the word أكثر has to remain indefinite. When used with the definite الأكثر, it expresses a superlative (for instance, "the most successful").

ناجح ← أكثر نجاحًا / الأكثر نجاحًا

Rap is **more successful** than pop in expressing anger. (a comparative) — الراب **أكثر نجاحًا** من البوب في التعبير عن الغضب.

Rap is **the most successful** way of expressing anger. (a superlative) — الراب هو الأسلوب **الأكثر نجاحًا** للتعبير عن الغضب.

Simple two-syllable adjectives (e.g., كبير، جميل، ناجح) can be compared using either اسم التفضيل or التمييز, whereas the multi-syllabic adjectives (e.g., متنوع، مستخدم، مهتمّ) can only be compared using التمييز. Consider the following examples:

Rap is **more successful** than pop among youth. — الراب **أنجح من** البوب بين الشباب.

Rap is **more successful** than pop among youth. — الراب **أكثر نجاحًا** من البوب بين الشباب.

Youth are **more interested** in rap. — الشباب **أكثر اهتمامًا** بالراب.

When the speaker or writer has the ability to compare using either اسم التفضيل or التمييز, as is the case with simple adjectives (e.g., ناجح، جميل، بسيط), the choice of التمييز indicates a more elevated style. For example:

Songs today are **more violent** than in the past. — الأغاني اليوم **أعنف من** الأغاني في الماضي.

Songs today are **more violent** than in the past. — الأغاني اليوم **أكثر عنفًا من** الأغاني في الماضي.

التمييز is also used in the construction that means "one of the best/worst/most . . . " or "among the best/worst/most . . . " and is used to mitigate or soften the superlative. Notice that the Arabic construction does not necessitate the use of the word "one"; it is assumed.

the noun being compared in the definite and plural form ← التمييز + أفعل + من

Rap songs are **among the most violent** songs ever.	أغاني الراب **من أكثر الأغاني عنفًا** على الإطلاق.
Rap songs are **one of the most successful methods** for combating injustice.	أغاني الراب **من أكثر الأساليب نجاحًا** لمواجهة الظلم.

14. Find the above structures in the text and highlight them. Translate the sentences in which they appear into English.

15. Fill in each space with a tamyiz derived from the given verb. Discuss.

أ) موسيقى الراب أكثر أنواع الموسيقى ..... في الشباب في الوقت الحاضر. أثـر
ب) الراب ليس موسيقى لأنه أكثر ..... على الإيقاع من اعتماده على اللحن. اعتمـد
ت) مغنو الراب أقل ..... إلى الموهبة والصوت الجميل من المغنين الآخرين. احتـاج
ث) أغاني الراب أكثر ..... من الأغاني الرومانسية الخفيفة. تنوع
ج) أغاني الراب أكثر ..... للجدل من أي نوع آخر من الأغاني. أثار
ح) أغاني الراب هي الأغاني الأكثر ..... في المظاهرات والمسيرات. استخدم

Role-Playing لعب الأدوار

16. Work with a partner to do the following role-play.

دور ب	دور أ
تعتقد/تعتقدين أن موسيقى الراب لا تشجع على العنف بل تحث على إحداث تغييرات إيجابية في المجتمع.	تعتقد/تعتقدين أن موسيقى الراب تشجع على العنف وشرب الخمور وتعاطي المخدرات.

Useful expressions

Expressing hesitancy and uncertainty	
I am not sure about this issue.	لست متأكِّدًا/متأكدة من هذا الموضوع.
I say this with some hesitancy.	أقول هذا بشيء من التردد.
Expressing certainty	
I am 100 percent sure about this.	أنا متأكِّد/متأكدة مائة بالمائة من هذا الموضوع.
I am saying this with full confidence.	أقول هذا بثقة كاملة.

Writing كتابة

17. Respond to the following prompt.

تقوم إحدى المنظمات الدولية التي تهدف إلى تكثيف التعاون بين الشباب من مختلف دول العالم من خلال نشاطات ثقافية بتنظيم حفلة موسيقية يشارك فيها المغنون والفرق الموسيقية التي تتحدث أغانيها حول قضايا الشباب في بلادهم. في رأيكم، من يجب أن يمثل بلدكم؟ اكتبوا اقتراحًا وناقشوا الأسباب لاختياركم.

Include the following structures and expressions in your writing:

أ) اسم التفضيل، التمييز
ب) في أمسّ الحاجة إلى
ت) ألفاظ خارجة
ث) لا تمت لـ . . . بصلة
ج) تحث المستمع على . . .

Up for Discussion مطروح للنقاش

18. Discuss the following scenario.

أنتم موظفون في منظمة دولية تقوم بتنظيم حفلة موسيقية كبيرة بهدف التعارف وتعزيز التعاون والتبادل الثقافي بين الشباب في العالم. المطلوب من كل شخص أن يقدم اقتراحًا للأغنية التي يجب إدراجها في برنامج الحفلة. قدموا اقتراحاتكم وناقشوا أسباب اختياراتكم.
الهدف من الاقتراح هو التوصل إلى اتفاق حول برنامج الحفلة.

Discussion 12: Is Non-violence More Effective than Violence?

النقاش الثاني عشر: هل اللاعنف أكثر فعالية من العنف؟

Language in Focus

- Talking about similarities
- Talking about differences

Structures and Connectors

- شأنه شأن، كما هو الحال، على غرار
- بينما، على عكس، بخلاف

Introduction مقدمة

1. Work with a partner. Ask each other questions about:

- المشاركة في مظاهرات
- أساليب مختلفة للاحتجاج

2. What springs to mind when you read the following phrases?

أ) النضال السلمي
ب) النضال المسلح
ت) الحرب الأهلية
ث) الربيع العربي

3. Read the paragraph below. What is the main idea? Ask two questions about it.

ثورات الربيع العربي حركات احتجاجية سلمية اندلعت في بعض البلدان العربية في نهاية عام ٢٠١٠ وبداية عام ٢٠١١. وقد انطلقت الاحتجاجات من تونس بعد إحراق بائع الخضار محمد البوعزيزي نفسه احتجاجًا على الظلم الذي تعرض له، ثم انتقلت إلى مصر واليمن والبحرين وسوريا. وكانت مطالب المتظاهرين الرئيسية: الخبز والحرية والعدالة الاجتماعية. ومنذ ذلك الحين أدت الثورات العربية الشعبية إلى الإطاحة بخمسة أنظمة دكتاتورية.

Reading قراءة

4. Read the text.

العنف أم اللاعنف، ما أكثر فعالية؟

هل يمكن أن يكون النضال السلمي أكثر نجاحًا من النضال المسلح في طرد الاحتلال الأجنبي والإطاحة بالنظام الديكتاتوري ومحاربة القمع والاضطهاد؟ هل يمكن للأفعال الرمزية اللاعنفية، مثل المظاهرات والمسيرات والإضراب عن الطعام ومقاطعة الانتخابات، أن تكون أكثر فعالية من حمل السلاح؟ تختلف الإجابات على هذه الأسئلة من شعب لآخر ومن زمن لزمن آخر. فقد حقق النضال المسلح نجاحًا في بعض الأماكن، كما هو الحال مع حركات النضال السلمي في أماكن أخرى. لا شك أن هناك أسبابًا أخلاقية لتفضيل اللاعنف، لكن بعض الأبحاث تؤكد أنه أيضًا أسلوب أكثر فعالية في تحقيق تغيير دائم في المجتمع في معظم الحالات.

يعود سر نجاح الحركات السلمية إلى أنها قادرة على حشد عدد أكبر من المشاركين. فإنها لا تتطلب من المواطنين إلا أن يتغلبوا على خوفهم من النظام، في

حين ينطوي النضال المسلح على مخاطر كثيرة ومعاناة كبيرة. بخلاف المشاركة في نشاطات الاحتجاجات السلمية مثل المسيرة أو الإضراب أو توزيع المنشورات، يتطلب حمل السلاح قوة بدنية ومهارات متعددة، ناهيك عن الأموال لشراء السلاح. أضف إلى ذلك أن المحتجين السلميين يلتزمون بالمبادئ الأخلاقية الإنسانية، بينما يتخلى عنها المناضلون المسلحون إذ يجب أن يكونوا مستعدين للقتل وإراقة الدماء. لكن المقاومة السلمية، شأنها شأن المقاومة المسلحة، مصيرها الفشل إذا لم تحافظ على وحدة صفوف المشاركين فيها.

للأسف الشديد، ليست الحركات السلمية خيارًا واقعيًا حين تقرر الدولة ممارسة العنف ضد المتظاهرين. وخير دليل على ذلك أحداث الربيع العربي. فقد تخلى مبارك عن السلطة في مصر، على غرار بن علي في تونس، عندما تبين أن الاحتجاجات يمكن أن تتحول إلى إراقة الدماء في البلد. على عكس ذلك، أمر بشار الأسد في سوريا بإطلاق النار على المتظاهرين السلميين، كما كان الحال مع الدكتاتور الليبي القذافي الذي أمر بقصفهم بطائراته الحربية. وفي كلا البلدين، تحولت الاحتجاجات السلمية في نهاية المطاف إلى حرب أهلية دموية. إذن، من الصعب أن نحكم على فعالية العنف أو اللاعنف بمعزل عن المكان والزمان وطبيعة السلطة الحاكمة في البلد.

5. Answer the questions.

أ) ما هو موضوع المقارنة؟
ب) ما المزايا والعيوب لكل من الاختيارين؟
ت) لماذا تذكر الكاتبة الربيع العربي؟
ث) ما رأي الكاتبة في الموضوع؟
ج) هل تتفقون معها أم لا، ولماذا؟

Vocabulary and Expressions مفردات وعبارات

6. Study the following words. In what context was each one used in the text?

to fight	ناضل
to arm	سلّح
to overthrow	أطاح بـ
to oppress	قمَع، يقمَع، القمع
to boycott	قاطع
to go on a strike	أضرب
to overcome	تغلّب على
to include	انطوى على
to give up	تخلّى عن
to adhere to	التزم بـ

7. Fill in each space with a word from the table above. Discuss two statements.

أ) يعتبر ...... عن الطعام من أنجح وسائل الاحتجاج.
ب) من الصعب أن ..... المواطنون عن خوفهم من النظام الدكتاتوري.
ت) النضال السلمي ...... على مخاطر كثيرة أيضا.

ث) لا يستطيع الناس في الحرب أن ..... بالمبادئ الأخلاقية.
ج) النضال السلمي أنجح وسيلة للإ..... بالدكتاتور.

8. Give an example for each one of the following phrases.

أ) طرد الاحتلال الأجنبي
ب) محاربة القمع والاضطهاد
ت) التخلي عن المبادئ الأخلاقية
ث) تحقيق تغيير دائم في المجتمع
ج) ممارسة العنف ضد المتظاهرين

9. Fill in each space with the appropriate preposition.

أ) نجح الشعب في الإطاحة .... النظام الدكتاتوري في خمس دول عربية.
ب) ليس من السهل أن يتغلب المواطن .... الخوف من النظام.
ت) ينطوي النضال المسلح ..... مخاطر كبيرة وتضحيات كثيرة.
ث) المحتجون السلميون يلتزمون .... المبادئ الأخلاقية الإنسانية.
ج) من الصعب أن نحكم .... فعالية أي أسلوب نضالي بدون معرفة الظروف.

10. Study the following expressions. In what context is each one used in the text?

bloodshed	إراقة الدماء
to shoot at	أطلق النار على
the best proof of this	خير دليل على ذلك
in the end; eventually	في نهاية المطاف
in isolation	بمعزل عن

11. Fill in the spaces with the expressions above. Discuss two statements.

أ) النضال السلمي ليس دائما فعالاً ..... ما حدث في سوريا.
ب) بعض الحركات السلمية تحولت ..... إلى حروب أهلية دموية.
ت) لا يمكن أن يأمر أي نظام ديموقراطي بـ..... المتظاهرين السلميين.
ث) الحياة تحت القمع والاضطهاد أفضل من .... في البلد.
ج) لا يمكن الحكم على قرار أي شخص ..... ظروفه الحياتية.

Verbs and Verb Forms أفعال وأوزان

12. Review weak verbs and complete the chart below.

اسم المفعول	اسم الفاعل	المصدر	المضارع	الماضي	الوزن
				عانى	
				أنهى	IV
			يتخلى		
		انطواء			
	منتهٍ				

13. Complete these statements with a word from the chart. Discuss one statement.

أ) الحياة في النظم القمعية ...... على العديد من المشاكل.
ب) الحرب الأهلية في سوريا لم ..... بعد بسبب فشل المجتمع الدولي.
ت) بعد حرب طويلة، أطراف النزاع .... الخلافات واتفقت على السلام.
ث) لا يجوز أن ..... إنسان عن المبادئ الأخلاقية حتى في الحرب.
ج) الحركات النضالية التي ..... من الانقسامات الداخلية دائمًا تفشل.

Language Functions وظائف لغوية

Talking about similarities

Below are the constructions commonly used when talking about similarities between items and ideas.

a) The word كلا for masculine and كلتا for feminine, which means "both," forms the definite *idafa* construction with the noun in the dual form.

followed by a noun in the dual and definite form ← كلا/كلتا

Both presidents gave up power.	**كلا الرئيسين** تخليا عن السلطة.
Both states changed after the revolution.	**كلتا الدولتين** تغيرتا بعد الثورة.

b) The expression شأنه شأن, which means "just as" (literally, "A in this matter fares just as B"), is used in this way: أ شأنه شأن ب

أ شأنه شأن ب

The Egyptian Revolution, **just as** the Tunisian Revolution, overthrew the president.	الثورة المصرية، **شأنها شأن** الثورة التونسية، أطاحت بالرئيس.
Egyptians, **just like** Tunisians, rebelled against dictatorship.	المصريون، **شأنهم في ذلك شأن** التونسيين، ثاروا ضد الديكتاتورية.

c) The expression كما هو الحال مع, which means "as is the case with," is followed by a noun.

كما هو الحال مع ← followed by a noun

The Egyptian people sacrificed for freedom **as is the case with** the Tunisian people.	الشعب المصري ضحّى من أجل الحرية **كما هو الحال مع** الشعب التونسي.
Egypt, **as is the case with** Tunis, suffered from economic problems.	مصر، **كما هو الحال مع** تونس، عانت من مشاكل اقتصادية.

d) The expression على غرار, which means "in the same manner as," "in common with," or "modeled after," is always followed by a noun.

على غِرار ← followed by a noun

Mandela led the peaceful fight **in the same way as** Gandhi.	قاد مانديلا النضال السلمي **على غرار** غاندي.
The Syrian government used violence **in the same manner as** the Libyan government.	الحكومة السورية استخدمت العنف **على غرار** الحكومة الليبية.

Talking about differences

Below are the connectors commonly used when talking about differences between items and ideas.

a) The connector بينما, which means "while" or "whereas," is usually followed by a verb.

followed by a verb ← بينما

The army supported the people, **whereas** the police supported the president.	أيّد الجيش الشعب **بينما** أيدت الشرطة الرئيس.
The Tunisian revolution succeeded, **while** the Bahraini failed.	نجحت الثورة التونسية **بينما** فشلت الثورة البحرينية.

b) The connector في حين, which also means "while" or "whereas," is usually followed by a verb.

followed by a verb ← في حين

The Egyptian army stood by the revolution **whereas** the Syrian army stood by the regime.	الجيش المصري وقف مع الثورة **في حين** وقف الجيش السوري مع النظام الحاكم.
The Tunisian Revolution lasted for two months **whereas** the Egyptian Revolution lasted for eighteen days.	الثورة التونسية استمرت شهرين **في حين** استمرت الثورة المصرية ثمانية عشر يومًا.

c) The connector بخلاف, which means "contrary to" or "in contrast to," is followed by a noun in *idafa*.

followed by a noun ← بخلاف

The Egyptian army stood by the revolution **in contrast to** the Syrian army which stood by the regime.	الجيش المصري وقف مع الثورة **بخلاف** الجيش السوري الذي وقف مع النظام.

The Tunisian Revolution lasted for two months **in contrast** to the Egyptian Revolution which lasted for 18 days.	الثورة التونسية استمرت شهرين **بخلاف** الثورة المصرية التي استمرت ١٨ يومًا.

d) The connector على عكس, which means "as opposed to," is always followed by a noun in *idafa*.

followed by a noun ← على عكس

The Egyptian army stood by the revolution **as opposed to** the Syrian army which stood by the regime.	الجيش المصري وقف مع الثورة **على عكس** الجيش السوري الذي وقف مع النظام.
The Tunisian Revolution lasted for two whole months **as opposed to** the Egyptian Revolution which only lasted for eighteen days.	الثورة التونسية استمرت شهرين كاملين **على عكس** الثورة المصرية التي استمرت ثمانية عشر يومًا فقط.

14. Find the above structures in the text and highlight them. Translate the sentences in which they appear into English.

15. Fill in each space with one of the structures above. Discuss two statements.

أ) الثورات الدموية .... الثورة الفرنسية تدخل شعوبها في دائرة من العنف المستمر لفترة طويلة.
ب) المقاومة السلمية لا تضحي بأرواح الناس، .... المقاومة المسلحة.
ت) نجحت الثورة السلمية في الفلبين، ..... مع الثورة في دول أوروبا الشرقية.
ث) الثورة السلمية، .... الثورة المسلحة، لا تضمن عدالة النظام الجديد.
ج) بعض الثورات السلمية لم تحقق الديموقراطية ..... الثورات المسلحة.
ح) ..... الأسلوبين، العنف واللاعنف، ينجحان أحيانا ويفشلان في أحيان أخرى.
خ) ..... النضال المسلح، لا يتطلب النضال السلمي قتل الناس.
د) العنف .... اللاعنف يحتاج إلى فترة طويلة لتحقيق تغيير حقيقي في المجتمع.

Role-Playing لعب الأدوار

16. Work with a partner to do the following role-play.

دور ب	دور أ
تعتقد/تعتقدين أن أعمال العنف أكثر فعالية من الاحتجاجات السلمية. أيد/أيدي رأيك بالمقارنة بين حركتين من اختيارك.	تعتقد/تعتقدين أن الاحتجاجات السلمية أكثر فعالية من أعمال العنف. أيد/أيدي رأيك بالمقارنة بين حركتين من اختيارك.

Useful expressions

Comparing

There is a great similarity between . . . and . . .	هناك تشابه كبير بين . . . وبين . . .
As a matter of fact, both are similar.	في الحقيقة، الأمران متشابهان جدًا.

Contrasting

There is a huge difference between . . . and . . .	هناك فرق شاسع بين . . . وبين . . .
There is no comparison between/among . . . and . . .	لا وجه للمقارنة بين . . . وبين . . .

Writing كتابة

17. Respond to the following prompt.

سكان المنطقة التي تعيشون فيها يعانون من مشاكل كثيرة بسبب تلوث المياه. من المعروف أن بعض المصانع تتسبب في ذلك، ولكن الحكومة لم تفعل شيئًا لمعاقبتها ووضع حد للممارسات التي تؤدي إلى تلويث المياه. اكتبوا مقالة ستنشرونها في جريدة محلية بهدف تقديم اقتراحات بالخطوات التي يجب اتخاذها لحل المشكلة.

Use the following constructions and expressions in your writing.

أ) كما هو الحال/على غرار/شأنه شأن
ب) بينما/في حين/بخلاف/على عكس
ت) خير دليل على ذلك

ث) في نهاية المطاف
ج) لا يمكن الحكم على ذلك بمعزل عن

Up for Discussion مطروح للنقاش

18. Discuss the following scenario.

أنتم تعيشون في مدينة تعاني من مشكلة تلوث المياه. وبالرغم من تزايد حالات التسمم والمشاكل الأخرى، فإن الحكومة لم تفعل شيئا لتحل المشكلة حتى الآن. ستشاركون في مناقشة عامة حول الخطوات التي يجب اتخاذها من أجل إيجاد حل لهذه القضية المصيرية بالنسبة لسكان المنطقة. من بين الاقتراحات التي قدمت حتى الآن:

١. تنظيم مظاهرات سلمية أمام جميع المباني الحكومية.
٢. توزيع منشورات للتوعية حول مشكلة تلوث المياه.
٣. الإضراب عن العمل.
٤. الإضراب عن الطعام.
٥. تعطيل حركة المرور أمام المصانع التي تتسبب في تلوث المياه.
٦. تلويث المياه في المناطق الأخرى عن قصد لجذب الاهتمام للقضية.
٧. القيام بأعمال تخريبية في المصانع التي تلوث المياه.

أضيفوا الاقتراحات الأخرى وناقشوا الموضوع. الهدف من الاجتماع هو التوصل إلى اتفاق حول الخطوات التي يجب اتخاذها من أجل إيجاد حل للقضية.

Discussion 13: Should Dangerous Sports Be More Regulated?

النقاش الثالث عشر: هل ينبغي أن تكون هناك ضوابط أكثر صرامة للرياضات الخَطِرة؟

Language in Focus

- Speculating about realistic situations with predictable outcomes
- Speculating about realistic situations with probable outcomes

Structures and Connectors

- الجملة الشرطية

Introduction مقدمة

1. Work with a partner. Ask each other questions about:

- رياضاتكم المفضلة
- الرياضات الخطرة

2. Which of the following would you do? Explain.

أ) القفز من الطائرة بمظلة
ب) تسلق قمة جبل إفرست
ت) التزلج على الجليد
ث) الغوص العميق
ج) سباق "فورمولا ١"

3. Read the paragraph below. What is the main idea? Ask two questions about it.

الرياضات الخطرة هي الرياضات التي تصل درجة الخطورة فيها إلى احتمال أن تسبب للاعب إصابات بالغة، بل ويمكنها أن تعرض حياته للخطر. يختلف الناس في تحديد الرياضات التي تسمى بـ "الخطرة" أو "العنيفة." فبينما يرى البعض أن المصطلح يشمل عددًا من الرياضات المتعارف عليها، مثل كرة القدم الأمريكية والهوكي على الجليد والملاكمة، يرى الآخرون أن الرياضات الخطرة هي فقط الرياضات غير التقليدية مثل تسلق الصخور، والقفز من المرتفعات العالية باستخدام الحبال، والغوص العميق، وما إلى ذلك. من اللافت أن معظم الرياضات الخطرة الجديدة رياضات فردية.

Reading قراءة

4. Read the text.

قوانين أكثر صرامة للرياضات الخطرة

ما الذي يجعل شخصًا يقفز من الطائرة وعلى ظهره مظلة قد لا تفتح؟ ما المتعة في تسلق صخور أو التزلج على الجليد أو قيادة سيارة بسرعة جنونية؟ ما الذي يدفع الناس إلى ممارسة رياضات قد تسبب لهم إصابات خطيرة، بل وتكلفهم حياتهم؟ يعتقد البعض أن الرياضات الخطرة ظهرت كرد فعل على ارتفاع مستوى الأمان في الحياة الحديثة، وأصبحت وسيلة للخروج عن الروتين والبحث عن الإحساس بالإثارة الذي نفتقده في حياتنا اليومية. فإذا شعر الإنسان بالخطر أفرز جسمه الأدرينالين، وهو الهرمون المسؤول عن توليد الشعور بالإثارة والسعادة. وإذا ما أفرز الجسم

الأدرينالين، أحس الإنسان بطاقة زائدة وقوة خارقة، ويتحول الشعور بالخوف إلى حالة من الانتعاش والحيوية.

يزداد عدد عشاق الرياضات الخطرة في البلدان العربية يومًا بعد الآخر. وقد أصبحت منطقة إهدن في جبل لبنان مركزًا لممارسة تسلّق الصخور والقفز الحر، والطيران الشراعي والنشاطات الأخرى من هذا النوع. شهدت المنطقة طفرة اقتصادية بسبب زيادة حركة السياحة وتوافد الشباب المحبين للمغامرات. غير أنها شهدت أيضًا زيادة عدد الحوادث الخطيرة التي يتسبب فيها بعض الشباب المتهورين. ويشكو سكان المنطقة من غياب الضوابط القانونية لممارسة الرياضات الخطرة، خاصة أنها قد تؤدي إلى عواقب وخيمة. فإذا وقعت حادثة فإنها لا تؤثر فقط في الشخص الذي قرر المخاطرة بحياته، وإنما تعرض أفراد فرقة الإنقاذ للخطر أيضًا.

نظرًا لأن الكثيرين يرون في الرياضات الخطرة سلوكًا متهورًا لا مبرر له، فقد ظهرت مبادرات عديدة لإصدار قوانين أكثر صرامة لضبط هذا النوع من النشاطات بل ويدعو البعض إلى منعها تمامًا. من وجهة نظري أن القضايا المتعلقة بهذه الرياضات أكثر تعقيدًا من أن تحل بالقانون. فمن الواضح أن ممارسي الرياضات الخطرة ليسوا كغيرهم من البشر، بل إنهم يبحثون دائمًا عن الإحساس بالحرية المطلقة ويثورون على القواعد التي يلتزم بها الناس العاديون. وبالتالي، فإن أي محاولة لتقييد نشاطاتهم ستكون بالنسبة لهم مجرد تحدٍّ جديد يستثيرهم لاختراع نشاطات جديدة أكثر خطورة. أو بمعنى آخر، إذا ازدادت القوانين صرامة ازدادت الرياضات الخطرة خطورة.

5. Answer the questions.

أ) ماذا يدفع الناس إلى ممارسة الرياضات الخطرة؟
ب) كيف تأثرت منطقة أهدن بهذه الرياضات؟
ت) لماذا يشكو السكان المحليون؟
ث) ما رأي الكاتب في الموضوع، ولماذا؟
ج) هل تتفقون مع الكاتب أم لا، ولماذا؟

Vocabulary and Expressions مفردات وعبارات

6. Study the following words. In what context was each one used in the text?

injury	إصابة ج ات
excitement	إثارة
revival	انتعاش
leap	طفرة ج ات
adventure	مغامَرة ج ات
recklessness	تهوُّر
to complain	شكا، يشكو، الشكوى

أَنقَذَ	to save
خاطَر	to risk
استثار	to provoke, stimulate

7. Fill in each space with a word from the table above. Discuss two statements.

أ) الكثير من الناس يعتقد أن الرياضات الخطرة مجرد سلوك ..... لا مبرر له.
ب) ممارسو الرياضات الخطرة يحبون التحدي و..... بحياتهم.
ت) هناك كثير من الرياضات التقليدية التي قد تتسبب في ..... خطيرة.
ث) الناس الذين يمارسون الرياضات الخطرة يعرضون فرق الـ..... للخطر أيضًا.
ج) التحديات الكبيرة ..... بعض الناس للقيام بأعمال غير عادية.

8. What springs to mind when you read the following phrases?

أ) طفرة اقتصادية
ب) إصابة رياضية خطيرة
ت) الإحساس بالإثارة
ث) سلوك متهور
ج) ضوابط قانونية صارمة

9. Fill in each space with the appropriate preposition. Answer each question.

أ) كيف تخرج ...... الروتين في حياتك اليومية؟
ب) هل تسببت لك الرياضة ..... إصابة خطيرة؟
ت) ما أنواع الرياضة التي تؤدي ..... الإصابة أكثر من غيرها؟
ث) لماذا يبحث الرياضيون دائمًا ..... تحد جديد؟
ج) لماذا يشكو الناس ..... غياب الضوابط القانونية؟

10. Study the following expressions. In what context was each one used in the text?

كلفه حياته	it cost him his life
يومًا بعد الآخر	day after day
عواقب وخيمة	grave consequences
نظرًا لأنّ	given that
لا مُبَرِّر له	unjustifiable

11. Fill in each space with an expression from the table above. Discuss two statements.

أ) الرياضات الخطرة تزداد شعبية في الدول العربية ......

ب) ..... ممارسي الرياضات الخطرة يعرضون حياة الآخرين للخطر أيضًا، يجب منعها.

ت) لا أفهم لماذا يمارس بعض الناس رياضات قد ......

ث) التهور في ممارسة أي رياضة قد يؤدي إلى ......

ج) القفز الحر من المرتفعات العالية بدون حماية سلوك متهور ......

Verbs and Verb Forms أفعال وأوزان

12. Complete the chart below.

الوزن	الماضي	المضارع	المصدر	اسم الفاعل	اسم المفعول
	أثّر				
		يتأثر			
	ثار				
		يثير			
	استثار				

13. Fill in each space with a verb from the table above. Discuss two statements.

أ) المخاطرة لا ..... فقط في الشخص الذي يخاطر بحياته بل في أشخاص آخرين أيضًا.

ب) ينبغي أن ..... الرياضات الخطرة نقاشًا حول الضوابط القانونية التي يجب فرضها على ممارستها.

ت) ..... الأطفال بالناس الذين يقومون بأعمال غير عادية وقد يحاولون تقليدهم.

ث) بعض الناس يريدون الخروج عن الروتين و..... على قواعد الحياة اليومية العادية.

ج) ممارسو الرياضات الخطرة يبحثون دائمًا عن الإحساس بـ ..... الذي نفتقده في الحياة اليومية.

Language Functions وظائف لغوية

Speculating about realistic situations with predictable outcomes

We use conditionals to speculate about a situation. A typical conditional sentence has two parts: one part, beginning with a conditional particle describes the situation, and the other part describes the result.
Here are the main components of the conditional sentence in Arabic (from right to left):

part two: result	←	part one: condition	←	part one: condition	←	conditional particle

When the condition is realistic, and the result is always true, or it is viewed as a natural or logical consequence of that condition, we use the following structure:

الفعل الماضي	←	no connector	←	الفعل الماضي	←	إذا

This type of conditional is used to talk about situations that are always true, like scientific laws and rules. It is also used to express strong opinions based on generalizations.

If you heat water to 100 degrees, it boils.	إذا سخّنت الماء إلى ١٠٠ درجة، **غلى**.
If people practice sports, their health improves.	إذا **مارس** الناس الرياضة **تحسّنت** صحتهم.

If we interject the particle ما between إذا and the past tense verb, the meaning of the conditional sentence remains the same. This combined particle إذا ما in some contexts means "whenever"; oftentimes, it means simply "if." Arab grammarians call this use of the particle "ما الزائدة" ("the superfluous ما").

If you heat water to 100 degrees, it boils.	**إذا ما** سخّنت الماء إلى ١٠٠ درجة، **غلى**.
If people practice sports, their health improves.	**إذا ما مارس** الناس الرياضة **تحسّنت** صحتهم.

To negate the verb after إذا, we must use لم followed by the jussive verb.

If you **don't heat** water to 100 degrees, it **doesn't boil.**	**إذا لم تسخن** الماء إلى ١٠٠ درجة، **ما غلى.**
If people **don't practice** sports, their health **doesn't improve.**	**إذا لم يمارس** الناس الرياضة، **ما تحسَّنت** صحتهم.

Speculating about realistic conditions with probable outcomes

When we talk about a realistic condition with the result that is probable, but not certain, we use the following structure:

الفعل المضارع/المستقبل الأمر/الجملة الاسمية/ السؤال	←	فـ	←	الفعل الماضي	←	إذا

If people **play** sports, **they will enjoy** their lives.	**إذا مارس** الناس الرياضة **فسيستمتعون** بحياتهم.
If you go to Ehden, **try** parachute-jumping.	**إذا ذهبت** إلى إهدن **فجرِّبْ** القفز بالمظلة.

To negate the verb after إذا, we must use لـم followed by the jussive verb. To negate the second part of the sentence, we must use the particle which is appropriate: لا for the present verb and the imperative, لـن for the future, and ليـس for the nominal sentence.

If people **don't practice** sports, **don't be surprised** that their health is not good.	**إذا لم يمارس** الناس الرياضة **فلا تستغرب** أنهم ليسوا بصحة جيدة.
If people **don't play** sports, **they will not be** healthy.	**إذا لم يمارس** الناس الرياضة **فلن يكونوا** بصحة جيدة.

14. Find the above structures in the text and highlight them. Translate the sentences in which they appear into English.

15. Complete the following sentences. Discuss two statements.

أ) إذا خاطر الشخص بحياته .....
ب) إذا ما مارستم تسلق الصخور .....
ت) إذا لم تجربي القفز من الطائرة بمظلة .....

ث) إذا تسبب الشخص الذي يتسلق الصخور بحادث .....
ج) إذا لم نفرض ضوابط أكثر صرامة على الرياضات الخطرة .....
ح) إذا أحببت السواقة بسرعة جنونية .....

Role-Playing لعب الأدوار

16. Work with a partner to do the following role-play.

دور ب	دور أ
تعتقد/تعتقدين أن ممارسة الرياضات الخطرة سلوك متهور لا مبرر له.	تعتقد/تعتقدين أن الرياضات الخطرة مفيدة لأنها تحدٍ للذات.

Useful expressions

Expressing approval enthusiastically

Wonderful!	شيء رائع!
Impressive!	شيء يثير الإعجاب!
I swear to God, this is amazing!	والله هذا شيء مدهش!

Expressing disapproval in a personal way

Personally, this is unacceptable.	بالنسبة لي هذا غير مقبول.
I totally reject this idea.	أنا أرفض هذه الفكرة تمامًا.
I am so upset.	أنا مستاء/مستاءة جدًا.

Expressing disapproval in a general way

It is a shame that . . .	من المؤسف أنَّ . . .
It is too bad that . . .	للأسف الشديد فإنَّ . . .

Writing كتابة

17. Respond to the following prompt.

إدارة الجامعة التي تدرسون فيها تجمع اقتراحات بشأن رحلة لمدة أسبوع في نهاية السنة الدراسية. أنتم أعضاء نادي هواة الرياضات الخطرة وتريدون إقناع الإدارة بالسماح لكم بممارسة نشاطاتكم المفضلة خلال الرحلة. اكتبوا اقتراحكم وحددوا المنطقة التي تريدون السفر إليها والنشاطات التي تريدون ممارستها. اذكروا الشروط لممارسة الرياضات الخطرة خلال الرحلة وناقشوا النتائج المحتملة لذلك.

Use the following structures and expressions in your writing:

أ) جملة شرطية
ب) قد يكلفه حياته
ت) عواقب وخيمة
ث) فرض ضوابط أكثر صرامة على . . .
ج) سلوك متهور لا مبرر له

Up for Discussion مطروح للنقاش

18. Discuss the following scenario.

قررت إدارة الجامعة التي تدرسون فيها عقد اجتماع عام لمناقشة الضوابط التي ينبغي فرضها على ممارسة بعض الرياضات الخطرة في الجامعة أو خلال الرحلات التي تقوم الجامعة بتنظيمها. هناك أيضًا اقتراحات بمنع بعض الرياضات التقليدية مثل كرة القدم الأمريكية، والملاكمة، والهوكي على الجليد، بالإضافة إلى الرياضات الخطرة مثل تسلق الصخور، والغوص في الأعماق، والقفز من الارتفاعات العالية بالحبال.

الهدف من الاجتماع هو التوصل إلى اتفاق حول:

- الرياضات التي يجب منعها
- الشروط لممارسة الرياضات الخطرة
- الضوابط التي يجب فرضها على ممارسة الرياضات الخطرة
- أساليب العقاب للطلاب المخالفين للضوابط الجديدة

Discussion 14: Do Public Personalities Have a Right to Privacy?

النقاش الرابع عشر: هل للشخصيات العامة حق في حرمة الحياة الخاصة؟

Language in Focus

- Emphasizing a necessary condition, component, or trait
- Warning about consequences of not taking an action

Structures and Connectors

- إلا و
- وإلا

Introduction مقدمة

1. Work with a partner. Ask each other questions about:

- أخبار المشاهير
- مفهوم الخصوصية

2. Are the following statements true? Explain.

أ) للناس الحق في متابعة الحياة الخاصة للشخصيات العامة.
ب) المشاهير يعانون بسبب نشر أخبار حول حياتهم الخاصة.
ت) القوانين يجب أن تحمي حق الجميع في حماية الحياة الخاصة.

3. Read the paragraph below. What is the main idea? Ask two questions about it.

تنص المادة ١٧ من العهد الدولي للحقوق المدنية والسياسية على أنه "لا يجوز تعريض أي شخص، على نحو غير قانوني، للتدخل في خصوصياته أو شؤون أسرته أو بيته أو مراسلاته، ولا لأي حملات غير قانونية تمسّ شرفه أو سمعته. ومن حق كل شخص أن يحميه القانون من مثل هذا التدخل أو المساس."

Reading قراءة

4. Read the text.

الغاية لا تبرر الوسيلة

لكل منا خصوصيته ومساحته الخاصة التي لا يجوز لأحد أن يتدخل فيها أو يقترب منها، إلا أن هناك من يرى أن الشخصيات العامة استثناء من هذه القاعدة، على اعتبار أن ما يجري في حياتهم قد ينعكس على حياة الجميع. لهذا السبب تقر قوانين الدول الغربية أن للمجتمع حقاً في الفضول والمعرفة وللصحافة حقاً في التطفل بل والتجسس على الشخصيات العامة لتسليط الضوء على كل تفاصيل حياتهم. وفي الغالب لا يستطيع المشاهير الخروج من بيوتهم إلا والصحفيون يلاحقونهم. وتعتبر الأميرة ديانا أشهر ضحية لهذا النوع من الإعلام. وقد أثارت الحادثة التي قتلت فيها جدلاً حول الموضوع، لكن الجدل لا يثار بجدية إلا والمصيبة قد حصلت ثم تعود الأمور إلى ما كانت عليه.

أما في بلادنا العربية، فإن قانون الإعلام لا يسمح باقتحام الحياة الخاصة للشخصيات العامة، لا سيّما القادة السياسيين. وقد يكون لذلك أثر إيجابي على حرمة الحياة الخاصة، لكن النتيجة الحتمية للإصرار على إبقاء كل ما يتعلق بحياة زعمائنا في طي الكتمان هي كثرة الشائعات التي تنتشر في مجتمعاتنا كالنار في الهشيم. فلا يمر يوم إلا وشائعة من الشائعات الجديدة قد أطلقت حول شيء

"يجري وراء الكواليس." يرى الكثيرون أن القانون يجب أن يتغير، وإلا فلن تكون هناك رقابة حقيقية على أعمال السياسيين. لكن حتى دعاة التغيير يعترفون بأن تحديد الخط الفاصل بين حق الناس في المعرفة وحق الشخصيات العامة في الحياة الخاصة أمر في غاية الصعوبة.

ويزداد الموضوع تعقيدًا نتيجة لانتشار وسائل التكنولوجيا الحديثة التي فتحت المجال واسعًا أمام انتهاكات القوانين والمبادئ الأخلاقية للتعامل مع خصوصيات الناس. فقد أصبح في إمكان أي شخص أن يلتقط صورًا ويسجل أحاديث ويخترق البريد الإلكتروني أو صفحة فيسبوك لشخصية عامة للحصول على معلومات يسهل تحويلها إلى فضائح إعلامية. ما من شك أننا، أفرادًا ومجتمعًا، يجب أن نضع حدًا لهذه الممارسات، وإلا دخلنا مرحلة انحطاط أخلاقي للمجتمع ككل. ونقترح هنا أن ننطلق من مبدأ أن الغاية لا تبرر الوسيلة. فالوسائل التي تتعارض مع القيم والمبادئ والأعراف الإنسانية لن تحقق أهدافًا صالحة، والغاية النبيلة لا يمكن بلوغها إلا بالوسائل النبيلة.

5. Answer the questions.

أ) ما القضية التي يتناولها الكاتب؟
ب) ما الفرق بين الدول الغربية والدول العربية؟
ت) كيف يُنظر إلى قانون حرمة الحياة الخاصة؟
ث) كيف تؤثر التكنولوجيا الحديثة في الموضوع؟
ج) ما رأي الكاتب في القضية؟
ح) هل تتفقون مع الكاتب أم لا، ولماذا؟

Vocabulary and Expressions مفردات وعبارات

6. Study the following words. In what context was each one used in the text?

to intrude into	تدخَل في
to pry into	تطفَل على
to spy	تجسَس
to reflect upon	انعكس على
calamity	مُصيبة ج مصائب
to break into	اقتحم
rumor	شائعة ج ات
to hack	اخترق
scandal	فضيحة ج فضائح
decline	انحطاط

7. Fill in each space with a word from the table above. Discuss two statements.

أ) الصحفي الذي ...... الحياة الخاصة للشخصية العامة يخالف القانون.
ب) ليس لأحد الحق في ..... على الأمور الشخصية للمشاهير.
ت) انتشار ..... ظاهرة موجودة في كل زمان ومكان في كل المجتمعات.
ث) الحياة الخاصة للمشاهير ..... بشكل أو بآخر على حياة الناس العاديين.
ج) الصحافيون يستفيدون من مصائب و..... الشخصيات العامة.

8. What springs to mind when you read the following phrases?

أ) اقتحام الحياة الشخصية
ب) أمر في غاية الصعوبة
ت) انتهاك للمبادئ الأخلاقية
ث) اختراق للبريد الإلكتروني
ج) فضائح الشخصيات العامة

9. Fill in each space with the appropriate preposition.

أ) للصحفيين الحق في التطفل ..... حياة الشخصيات العامة.
ب) الحياة الخاصة للشخصيات العامة تنعكس ..... عملهم أيضًا.
ت) يجب أن ندافع ..... حق المشاهير في حرمة الحياة الشخصية.
ث) يجب أن ننطلق ..... مبدأ أن الغاية لا تبرر الوسيلة.
ج) يجب أن نعترف ..... وجود مشكلة في اهتمامنا بحياة المشاهير.

10. Study the following expressions. In what context was each one used in the text?

on the grounds that	على اعتبار أن
to shed light upon	سلط الضوء على
the sanctity of private life	حرمة الحياة الخاصة
to keep (something) secret	أبقى في طي الكتمان
behind the scenes	من وراء الكواليس

11. Fill in each space with an expression from the table above. Discuss two statements.

أ) يحاول الناس دائمًا أن يعرفوا ما يجري ..... .
ب) القانون يجب أن يحمي ..... لجميع المواطنين.
ت) الصحافة يجب أن ..... الحياة الخاصة للسياسيين.
ث) بعض المجتمعات تفضل ..... حياة السياسيين الخاصة ..... .
ج) الناس عندهم حق في المعرفة ..... أن المشاهير يؤثرون في حياتهم.

Verbs and Verb Forms أفعال وأوزان

12. Complete the table below.

اسم المفعول	اسم الفاعل	المصدر	المضارع	الماضي	الوزن
				خصّ	
			يخصص		
		تخصص			
	مختصّ				

13. Use the verbs from the table to complete the sentences.

أ) كلنا نهتم أحيانًا بأخبار المشاهير بالرغم من أنها لا .....نا.
ب) الحياة الشخصية للفنانين ..... جمهورهم.
ت) بعض الصحفيين ..... في فضائح المشاهير.
ث) معظم الصحف ..... بعض الصفحات لأخبار النجوم.
ج) هناك محامون ..... بقضايا انتهاك الحياة الشخصية.

Language Functions وظائف لغوية

Emphasizing a necessary condition, component, or trait

When generalizing about a necessary condition for something, or an important component or trait, we often use words like "everybody," "everyone," and "all." We can say, for example: "All constitutions consecrate privacy rights," or "all civilized societies have freedom of speech." To make a generalization of this kind more emphatic, we can start with a negative statement followed by "without": "There is no constitution without consecration of privacy rights," or "there is no civilized society without freedom of speech." In Arabic we use إلا و followed by a nominal sentence, like in the examples below.

sentence ← إلا

We **do not** read celebrity news **without** finding scandals in them. **لا** نقرأ أخبار المشاهير **إلا** وفيها فضائح.

We **do not** discuss privacy except when a catastrophe has already happened. **لا** نناقش الخصوصية **إلا والمصيبة** قد حصلت.

Warning about the consequence if a proposed action is not taken

When giving suggestions or advice, we can warn about the consequences that can happen if the proposed action is not taken by using the construction وإلا (meaning "otherwise," or "or else") followed by a verb in the past tense.

وإلا ← الفعل الماضي

Do not write about politics; **otherwise**, you are going to jail. لا تكتب عن السياسة **وإلا** دخلت السجن.

Respect the privacy of others **or else** you will be violating the law. احترموا الخصوصية **وإلا انتهكتم** القانون.

If the sentence after وإلا does not start with a verb in the past tense, it is usually introduced by the connector فـ.

suggestion or advice ← وإلا ← فـ +الجملة الاسمية/الفعل المضارع/الأمر

We need to protect freedom of press **or else** rumors spread everywhere. يجب أن نحمي حرية الصحافة **وإلا فالشائعات** تنتشر في كل مكان.

14. Find the above structures in the text and highlight them. Translate the sentences in which they appear into English.

15. Complete the statements below with your ideas.

أ) لا يظهر المشاهير إلا و.....
ب) لا تنشر فضيحة إلا و.....
ت) لا يوجد صحفي إلا و.....
ث) يجب منع "البابارازي" وإلا .....
ج) يجب نشر فضائح الشخصيات العامة وإلا .....
ح) يجب استخدام وسائل نبيلة وإلا .....

Role-Playing لعب الأدوار

16. Work with a partner to do the following role-play.

دور ب	دور أ
أنت صحافي/صحافية وتريد/تريدين ممارسة مهنتك بحرية	أنت شخصية مشهورة وتريد/تريدين حماية حرمة حياتك الشخصية

Useful expressions

Generalizing

in general	عمومًا
all in all	على كلٍ حال
overall, one can say	إجمالا، يمكن القول

Specifying

in particular	خصوصًا
particularly	لا سيّما
to be exact	علىَ وجه الدقة

Giving examples

for example	مثلًا
for instance	على سبيل المثال
take as an example that . . .	خذ مثلًا أنّ . . .

Writing كتابة

17. Respond to the following prompt.

تعملون في الصحافة وعرض عليكم شخص صورًا ومقاطع فيديو ستسبب فضيحة شخصية لأحد كبار المسؤولين السياسيين في البلد. وتبين الصور أن المسؤول له عدة علاقات غرامية خارج الزواج وأنه يتعاطى المخدرات في حفلات صاخبة بعد ساعات العمل. وجدير بالذكر أن االشخص الذي التقط الصور خلسة يريد بيعها مقابل مبلغ كبير من المال. هل ستشترون الصور ومقاطع فيديو أم لا، ولماذا؟ اكتبوا مقالًا حول الموضوع.

Include the following structures and expressions in your writing:

أ) وإلا، إلا و
ب) سلط الضوء على
ت) حرمة الحياة الخاصة
ث) على اعتبار أن
ج) أبقى في طي الكتمان

Up for Discussion مطروح للنقاش

18. Discuss the following scenario.

أنتم صحفيون في قناة تلفزيونية معروفة. حصلتم على مجموعة من الصور والتسجيلات ورسائل البريد الإلكتروني التي تبين أن هناك:

أ) مسؤول يخون زوجته
ب) مسؤولة لها ابنة خارج الزواج
ت) مسؤولة تتلقى الرشوة
ث) مسؤول يدفع الرشوة لإدخال ابنه جامعة كبيرة
ج) مسؤول يتعاطى المخدرات
ح) مسؤولة تسرق أشياء صغيرة من السوبرماركت

الهدف من الاجتماع هو التوصل إلى اتفاق حول الأخبار التي سيتم إذاعتها والأخرى التي لا يجوز استخدامها.

Discussion 15: Why Are Some People Opposed to Genetically Modified Foods?

النقاش الخامس عشر: لماذا يعارض بعض الناس الأغذية المعدلة وراثيًّا؟

Language in Focus

- Speculating about the present or future with varying degrees of certainty

Structures and Connectors

- من المؤكد/من المرجح/أغلب الظن/من المحتمل/قد يكون

Introduction مقدمة

1. Work with a partner. Ask each other questions about:

- الاهتمام بالأغذية العضوية
- رأيكم في الأغذية المعدلة وراثيًا

2. Which of the following is likely to happen? Explain.

أ) المجاعة في العالم ستزيد في العشرين سنة القادمة.
ب) النباتات المعدلة وراثيًا ستتغلب على النباتات الطبيعية.
ت) العلم سيثبت سلامة الأغذية المعدلة وراثيًا.
ث) الكائنات الغريبة ستفلت من مختبرات الهندسة الوراثية.

3. Read the paragraph below. What is the main idea? Ask two questions about it.

بالرغم من أن منظمة الصحة العالمية تؤكد أن الأغذية المعدلة وراثيًا آمنة بشكل عام فإن الكثير من الناس يعتقدون أن لهذه الأغذية أضرار ومخاطر على الصحة العامة وسلامة البيئة. كما يرون أنه من المحتمل أن تكون هذه المواد سببًا في ظهور أمراض سرطانية، أغلبها سرطان القولون والمعدة، وأمراض الدماغ وخلايا الدماغ، التي ينتج عنها الزهايمر والشلل الارتعاشي وأمراض أخرى كثيرة أصبحت منتشرة في الآونة الأخيرة، والتي تكون نتيجة لما استهلكه الشخص قبل عشر سنوات.

Reading قراءة

4. Read the text.

لحين حسم الجدل حول سلامة الأغذية المعدلة وراثيًا

حسب توقعات النمو السكاني، من المرجح أن يصل عدد سكان العالم إلى ٩,٨ مليار نسمة بحلول عام ٢٠٥٠. ويسود الاعتقاد بأن الأرض غير قادرة على إنتاج غذاء كاف لهذا العدد الهائل من البشر بدون الاعتماد على أغذية معدلة وراثيًا. وقد تمكنت الهندسة الوراثية في السنوات الأخيرة من تحسين بعض المحاصيل من حيث الشكل والوزن والقيمة الغذائية، إضافة إلى تعزيز قدرتها على مقاومة الحشرات والنمو في الظروف الطبيعية غير الملائمة. وفي حين تسعى شركات إنتاج الأغذية المعدلة وراثيًا إلى إقناعنا بأن هذه التكنولوجيا هي طوق النجاة الأخير لتحقيق الأمن الغذائي في العالم، تحذر أصوات العقلاء من مخاطرها على صحة الإنسان وسلامة البيئة.

من المؤكد أن التلاعب بالجينات عملية قد تؤدي إلى نتائج غير متوقعة، بل

وإلى عواقب وخيمة. كما أنه من المحتمل أن تفلت من المختبرات كائنات غريبة ستخل بالتوازن البيئي وتتغلب على الحياة الطبيعية وتنتقم من البشر في نهاية المطاف. غير أن المؤسسات المسؤولة عن سلامة الأغذية في الدول الغربية لا تتوقف عن إصدار الأبحاث الطبية التي تمجد الفوائد الصحية والبيئية للأغذية المعدلة وراثيًا، لأنها جميعًا ممولة من قبل الشركات الكبرى التي تسيطر على إنتاج بذور النباتات المعدلة وراثيًا. لا بد أنّ أصوات العلماء والباحثين من أصحاب الضمير الحي يتم إسكاتها خدمة لمصالح الشركات الرأسمالية العملاقة.

للأسف الشديد، بدأت الأغذية المعدلة وراثيًا تغزو أسواق الدول العربية دون حسيب أو رقيب. وأغلب الظن أننا جميعًا نشتريها يوميًا دون أن ندري، حيث إن المنتجات المعدلة وراثيًا والمأكولات المصنّعة التي تحتوي على مكونات معدلة وراثيًا لا تحمل أي ملصق أو علامة تبين ذلك للمستهلك. قد يكون المسؤولون عن سلامة الغذاء في بلادنا مقتنعين تمامًا بفوائد هندسة الجينات، لكن يجب أن يكون للمواطن الحق في الاختيار. فلحين حسم الجدل حول سلامة الأغذية المعدلة وراثيًا، ونتأكد أن تناولها لا يؤدي إلى ما لا يحمد عقباه، يجب وضع ملصقات تميزها عن الأغذية الطبيعية في أسواقنا. كما نتمنى أن تصدر الهيئات التشريعية قوانين وضوابط تنظم التعامل مع هذا الملف الخطير.

5. Answer the questions.

أ) لماذا يواجه العالم أزمة الغذاء؟
ب) ما بعض إنجازات الهندسة الوراثية؟
ت) ما رأي الكاتبة في الأغذية الوراثية، ولماذا؟
ث) بم تطالب الكاتبة، ولماذا؟
ج) هل تتفقون مع رأيها أم لا، ولماذا؟

Vocabulary and Expressions مفردات وعبارات

6. Study the following words. In what context was each one used in the text?

crop	مَحصُول ج مَحاصيل
to tamper with	تلاعَب
to escape	أفلت
to take revenge	انتقم من
to triumph over	تغلّب على
to glorify	مجّد
to finance	موّل
conscience	ضمير ج ضمائر
mega	عملاق
label	مُلْصَق ج ات

7. Fill in each space with a word from the table above. Answer the questions.

أ) هل يمكن أن ..... النباتات المعدلة وراثيًا على النباتات الطبيعية؟
ب) لماذا يعتبر البعض أن ..... بالجينات عملية غير أخلاقية؟
ت) ماذا قد يحدث لو ..... الكائنات الغريبة من المختبرات العلمية؟
ث) لماذا ..... بعض الأبحاث فوائد المحاصيل المعدلة وراثيًا؟
ج) هل يمكن أن يؤثر ..... في نتائج الأبحاث العلمية؟
ح) ما رأيكم في الشركات الرأسمالية .....؟

8. What springs to mind when you read these phrases?

أ) نتائج غير متوقعة
ب) عواقب وخيمة
ت) المأكولات المصنّعة
ث) سلامة الغذاء
ج) أصحاب الضمائر الحية
ح) مصالح الشركات الكبرى

9. Rank the following issues from the most to the least important. Explain.

نقص الغذاء – الزيادة السكانية – سلامة البيئة – تمويل الأبحاث العلمية – استخدامات الهندسة الوراثية

10. Fill in each space with the appropriate preposition.

أ) النباتات المعدلة وراثيًا قد تسيطر ..... النباتات الطبيعة.
ب) ستنتقم النباتات المعدلة وراثيًا ..... البشر في نهاية المطاف.
ت) للأغذية المعدلة وراثيًا مخاطر ..... صحة الإنسان وسلامة البيئة.
ث) نطالب الحكومة ..... وضع ملصقات على المنتجات المعدلة وراثيًا.
ج) الكثير من المأكولات المصنعة تحتوي ..... المنتجات المعدلة وراثيًا.
ح) يتسبب الإنسان في الإخلال ..... التوازن البيئي من أجل التنمية الاقتصادية.
خ) من طبيعة الإنسان أن يشك ..... كل شيء جديد ويحاول منع التقدم.

11. Study the following expressions. In what context was each one used in the text?

the common belief is that	يسود الاعتقاد أن
life saver	طوق النجاة
to disturb the balance	أخلّ بالتوازن
unchecked	دون حسيب أو رقيب
ominous results	إلى ما لا يُحمد عُقباه

12. Fill in each space with an expression from the table above. Discuss two statements.

أ) لا شك أن ..... البيئي يمثل خطرًا على الإنسان.
ب) لا يجوز أن تنتشر الأغذية المعدلة وراثيًا .....
ت) من المحتمل أن يؤدي تناول الأغذية المعدلة وراثيًا .....
ث) ..... أن الهندسة الوراثية علم خطير قد يؤدي إلى عواقب وخيمة.
ج) يعتقد البعض أن الأغذية المعدلة وراثيًا هي ..... للبلدان التي تعاني من المجاعة.

Verbs and Verb Forms أفعال وأوزان

13. Complete the verb chart below.

اسم المفعول	اسم الفاعل	المصدر	المضارع	الماضي	الوزن
				أكّد	
			يرجّح		
				احتمل	
			يُمكن		
				توقع	
			يستحيل		

14. Use the passive or active participle of a verb from the table above to complete the statements below. Discuss two statements.

أ) من ..... أن ننتج غذاءً كافيًا لتسعة مليارات شخص.
ب) من ..... أن يموت أكثر من ثلاثة ملايين طفلٍ من الجوع في أفريقيا هذا العام.
ت) من ..... أنّ الناس الجائعين لا يهتمون بالقضايا الفلسفية حول الطعام.
ث) من ..... أن يكون للأغذية المعدلة وراثيًا آثار سلبية على المدى البعيد.
ج) من ..... أنّ الناس يخافون من مخاطر الأغذية المعدلة وراثيًا على الصحة.
ح) من ..... أن يرفض شخص جائع الطعام لأنه قد يضر به بعد عشرين سنة.

Language Functions وظائف لغوية

Speculating about the present and the future

The expressions below are used to talk about facts and situations that are definite, probable, or possible from the speaker's point of view.

a) The speaker is certain about his/her speculation (99 percent):

1) **It is certain that . . .** — **من المؤكد أنَّ + الجملة الاسمية**

It is certain that the world will face a food crisis. — من المؤكد أنَّ العالم سيواجه أزمة غذاء.

It is certain that the population is increasing. — من المؤكد أن عدد السكان يتزايد.

2) (The subject) **must be** (doing something) — **لا بد أنَّ + الجملة الاسمية**

Scientists **must be** searching for the truth. — لابد أنَّ العلماء يبحثون عن الحقيقة.

This company **must be** financing research. — لا بد أنّ هذه الشركة تمول الأبحاث.

Notice that the expression لا بـد أنّ followed by a nominal sentence expresses speculation; while لا بد أنْ followed by a subjunctive verb expresses obligation or recommendation.

The company **must be** financing research. — لا بد أنّ الشركة تمول الأبحاث.

The company **must** finance research. — لا بد أنْ تمول الشركة الأبحاث.

b) The speaker is less certain about his/her speculation (90 percent):

1) **It is most likely/highly probable that** — **أغلب الظن أنَّ + الجملة الاسمية**

Most likely, scientists are aware of the dangers. — أغلب الظن أنَّ العلماء واعون بالمخاطر.

2) **It is likely/highly probable that** — **من المرجح أنَّ + الجملة الاسمية**

It is likely that scientists are aware of the dangers. — من المرجح أنَّ العلماء واعون بالمخاطر.

c) The speaker is not certain about his/her speculation (50 percent):

1) **It is possible/probable that** — **من المحتمل أنْ + المضارع المنصوب**

It is possible that scientists will find the solution.	**من المحتمل أن** يجد العلماء الحل.
2) (The subject) **might be**	
The world **might be** in great danger.	**قد يكون** العالم في خطر كبير.
	من المرجح أن العلماء واعون بالمخاطر.
3) (The subject) **might** (do)	**قد + الفعل المضارع**
We **might discover** the truth.	**قد نكتشف** الحقيقة.

15. Find the above structures in the text and highlight them. Translate the sentences in which they appear into English.
16. How certain are you that the following will happen in the future? Choose the expressions that reflect your level of certainty and discuss each statement.

أ) كل الأغذية ستكون معدلة وراثيًا بحلول عام ٢٠٥٠.
ب) الأغذية المعدلة وراثيًا ستكون ممنوعة في كل بلدان العالم.
ت) الأرض لن تقدر على إنتاج أغذية كافية لإطعام البشر.
ث) هدر الطعام سيكون جريمة يعاقب عليها القانون.
ج) النباتات ستثور على البشر وتنتقم منهم.
ح) شركات الأغذية ستضع ملصقات على المنتجات المعدلة وراثيًا.
خ) العلماء سيثبتون أن الأغذية المعدلة وراثيًا غير مضرة.

Role-Playing لعب الأدوار

17. Work with a partner to do the following role-play.

دور ب	دور أ
تعمل/تعملين في شركة تنتج الأغذية المعدلة وراثيًا وتريد/تريدين حماية محاصيلها.	تنتمي/تنتمين إلى منظمة تقوم بقطع المحاصيل المعدلة وراثيًا، باعتباره نوعًا من الإرهاب البيئي.

Useful expressions

Showing empathy

I sympathize with you.	أنا متعاطف/متعاطفة معك.
I understand your position.	أنا متفهم/متفهمة موقفك.
I share the same feelings.	أبادلك الشعور نفسه.

Denying empathy

I cannot empathize with you.	لا يمكنني أن أتعاطف معك.
How can you say something like that?	كيف يمكنك أن تقول/تقولي شيئًا مثل هذا؟
I find your position strange.	أستغرب موقفك.

Writing كتابة

18. Respond to the following prompt.

تعيشون في منطقة في الشرق الأوسط اختارتها شركة "مونسانتو" لبناء مقر لها فيها، بالإضافة إلى مركز للأبحاث والتجارب الخاصة بالأغذية المعدة وراثيًا. اكتبوا مقالة تعبيرًا عن رأيكم في هذا الموضوع ستنشر في جريدة محلية.

Include the following structures and expressions in your writing.

أ) من المؤكد/أغلب الظن/من المرجح/من المحتمل
ب) يسود الاعتقاد بأنّ
ت) قضية الإخلال بالتوازن البيئي
ث) في نهاية المطاف
ج) قد يؤدي إلى ما لا يحمد عقباه

Up for Discussion مطروح للنقاش

19. Discuss the following scenario.

تسعى شركة "مونسانتو" الأمريكية المختصة بإنتاج البذور المعدلة وراثيًا إلى التوصل إلى اتفاق مع الحكومة على أن تكون المنطقة التي تعيشون فيها مقرًا للشركة في الشرق الأوسط، ومركزًا لإجراء الأبحاث حول المحاصيل المعدلة وراثيًا.

ومن المعروف أن شركة "مونسانتو" تعتبر من أكثر الشركات إثارة للجدل في العالم والأكثر تعرضًا لهجوم نشطاء البيئة، إذ يسود الاعتقاد بأنها تسعى إلى التحكم بالغذاء عن طريق احتكار سوق البذور، وإجبار المستهلك على تناول منتجاتها المعدلة وراثيًا، ومحاربة وضع ملصقات تميز الأغذية المعدلة وراثيًا عن الأغذية العضوية والتقليدية.

وجدير بالذكر أن المنطقة التي تعيشون فيها تعتبر من أفقر المناطق في مصادر المياه في العالم، الأمر الذي يؤثر سلبًا على الزراعة.

ستشاركون في مناقشة عامة حول خطة شركة "مونسانتو" لإنشاء مقر لها في المنطقة. الهدف من المناقشة هو التوصل إلى اتفاق الإجابة على السؤال التالي: هل يجب أن توافق الحكومة على خطة شركة "مونسانتو" أم لا؟

أختاروا دورًا من الأدوار التالية للمشاركة في المناقشة:

- ممثلون عن شركة "مونسانتو"
- مسؤولون حكوميون
- ناشطون بيئيون
- سكان المنطقة من البسطاء
- سكان المنطقة من الأغنياء

Discussion 16: What Would Happen if the World Went Vegan?

النقاش السادس عشر: ماذا يحدث لو تحول كل سكان العالم إلى نظام غذائي نباتي؟

Language in Focus

- Talking about imaginary situations

Structures and Connectors

- الجملة الشرطية

Introduction مقدمة

1. Work with a partner. Ask each other questions about:

- الأنظمة الغذائية المختلفة
- أكل اللحوم الحمراء

2. Are the statements below true? Explain.

أ) الإقبال على النظام الغذائي النباتي يتزايد في العالم كله.
ب) أكل اللحوم الحمراء قد يؤدي إلى الإصابة بأمراض خطيرة.
ت) الامتناع عن أكل اللحوم قد يؤدي إلى الإصابة بأمرَاض خطيرة.
ث) أكل اللحوم أكثر إضرارًا بالبيئة من قيادة السيارة.
ج) صناعة اللحوم من المسببات الرئيسية لتلوّث المياه.

3. Read the paragraph below. What is the main idea? Ask two questions about it.

يتزايد عدد الناس الذين يتحولون إلى نظام غذائي نباتي سواء لأسباب صحية أو أخلاقية، أو أسباب متعلقة بحماية البيئة والحد من تغيّر المناخ. وقد أصبح النظام الغذائي النباتي أسلوبًا للحياة تروّج له الشخصيات المؤثرة على وسائل التواصل الاجتماعي وحتى في وسائل الإعلام التقليدية. وإذا كنت تريد أن تعيش مثل نجوم هوليوود، فلا يكفي أن تشتري سيارة فاخرة وتسكن في بيت فخم، بل عليك أن تتخلى عن أكل اللحوم ومنتجات الألبان وتتبع النصائح المتعلقة بما يُعرف بـ "الترند" الغذائي.

Reading قراءة

4. Read the text.

ماذا لو أصبحنا جميعًا نباتيين؟

يتحول الناس إلى النظام الغذائي النباتي لأسباب مختلفة، فالبعض يسعى إلى تحسين صحته، حيث تشير الأبحاث الحديثة إلى أن الإفراط في تناول اللحوم الحمراء يؤدي إلى الإصابة بأمراض القلب والسرطان وغيرها من الأمراض الخطيرة. وهناك من يعترض على أكل اللحوم لأسباب أخلاقية تتعلق بمعاناة الحيوانات. فمن المعروف أن أكل اللحوم ليس ضروريًا للبقاء على قيد الحياة، وبالتالي فإن قتل الحيوانات لمجرد أن الناس يحبون طعم اللحم لا يمكن تبريره أخلاقيًا. هناك كذلك دافع بيئي، إذ يؤكد الخبراء أن الامتناع عن أكل اللحوم يمثل الحل الأمثل للتقليل من انبعاثات الغازات الدفيئة التي تتسبب في الاحتباس الحراري. لكن ماذا لو أصبح جميع البشر نباتيين بين ليلة وضحاها؟

ما من شك أن الآثار على البيئة ستكون إيجابية. فعلى الصعيد العالمي تعتبر صناعة اللحوم من أكبر مصادر الغازات الدفيئة، كما تمثل أحد العوامل الرئيسية المسببة لفقدان التنوع البيولوجي وتلوث المياه. ويؤثر أكل اللحوم سلبًا على البصمة الكربونية لكل شخص. فعلى سبيل المثال، تطلق عائلة تتكون من أربعة أفراد غازات ضارة بسبب اللحوم التي يأكلونها أكثر من الغازات الناتجة عن قيادة سيارتين. ولو تخلينا جميعًا عن أكل اللحوم فإن انبعاثات الغازات السامة ستنخفض بنسبة ٧٠ بالمائة. ولو حوّلنا جميع الأراضي التي تستخدم الآن لتربية الماشية إلى الغابات التي تمتص الغازات الكربونية، فإن هذا سيساهم بقوة في التخفيف من حدة تغير المناخ.

غير أن التأثير على الاقتصاد سيكون سلبيًا لا محالة. فلو أخفقنا في توفير مهن بديلة للعاملين في صناعة اللحوم، وهذا هو المتوقع، سيواجه العالم مشاكل البطالة والكساد والاضطرابات الاجتماعية. ولا يمكن الاستهانة بالأثر السلبي على ثقافة الشعوب، حيث يرتبط اللحم بالعادات والتقاليد والهوية الدينية والثقافية. فلو اضطر مثلًا البدو الرُحَّل إلى التخلي عن ثروتهم الحيوانية، فسيكون من اللازم أن يستقروا بشكل دائم في القرى أو المدن، مما سيفقدهم هويتهم بالكامل. أما الأثر على صحة الإنسان فسيكون إيجابيًا بالنسبة للأغنياء، لأنهم قادرين على استبدال مأكولات نباتية متنوعة باللحوم في حين سيعاني الفقراء الذين لا ينعمون بقدر كبير من التنوع في نظامهم الغذائي.

5. Answer the questions.

أ) لماذا يختار الناس النظام الغذائي النباتي؟
ب) كيف يؤثر التخلي عن أكل اللحوم على البيئة؟
ت) ما هو تأثيره المتوقع على الاقتصاد؟
ث) ما بعض التأثيرات الأخرى؟
ج) ما رأيكم في الموضوع، ولماذا؟

Vocabulary and Expressions مفردات وعبارات

6. Study the following words. In what context was each one used in the text?

to overdo	أفرَطَ في
to refrain from	امتنع عن
to give up	تخلّى عن
to fail in	أخفَق في
to force	اضطرّ إلى
to deprive	أفقد
to replace	استبدل
emissions	انبعاثات

recession	كساد
to enjoy	نعم بـ

7. Fill in each space with a word from the table above. Discuss two statements.

أ) التخلي عن أكل اللحوم سيؤدي إلى ..... اقتصادي كبير.
ب) الفقراء لا يقدرون على ..... مأكولات نباتية متنوعة باللحوم.
ت) يتسبب أكل اللحوم في ..... الغازات الدفيئة.
ث) بعض الناس ..... في التحول إلى النظام الغذائي النباتي بعد فترة.
ج) ..... في أكل اللحوم يؤدي إلى الإصابة ببعض الأمراض الخطيرة.
ح) التخلي عن اللحم سـ ..... بعض الناس هويتهم الدينية والثقافية.

8. What springs to mind when you read these phrases?

أ) الاحتباس الحراري
ب) مشكلة البطالة
ت) أكبر مصادر الغازات الدفيئة
ث) فقدان التنوع البيولوجي
ج) التخفيف من حدة تغير المناخ

9. Fill in each space with the appropriate preposition.

أ) التخلي ..... اللحوم قد يؤثر سلبًا على الصحة.
ب) يتحول بعض الناس ..... النظام النباتي لأسباب صحية.
ت) يعترض البعض ..... أكل اللحوم لأسباب أخلاقية.
ث) يمتنع الناس ..... أكل اللحوم بهدف حماية البيئة.
ج) لو اضطررنا ..... عدم أكل اللحوم، فستكون بصمتنا الكربونية أفضل.
ح) سيخفق العالم ..... توفير مهن بديلة للعاملين في صناعة اللحوم.

10. Study the following expressions. In what context was each one used in the text?

survival	البقاء على قيد الحياة
to alleviate	التخفيف من حدة
overnight	بين ليلة وضحاها
inevitably	لا محالة
one cannot underestimate	لا يمكن الاستهانة بـ

11. Fill in each space with an expression from the table above. Discuss two statements.

أ) لا يستطيع كل الناس تغيير عاداتهم ......
ب) أكل اللحوم الحمراء ليس ضروريًا ......
ت) يجب أن نبذل جهودًا من أجل ..... الاحتباس الحراري.
ث) ..... أهمية اللحوم في تاريخ البشرية.
ج) في كل الشعوب، العادات والتقاليد تتغير ......

Verbs and Verb Forms أفعال وأوزان

12. Complete the verb chart below.

اسم المفعول	اسم الفاعل	المصدر	المضارع	الماضي	الوزن
				أهان	
				استهان	
				فقد	
				أفقد	
				عارض	
				اعترض	
				حوّل	
				تحوّل	

13. Fill in each space with a verb from the table above. Discuss two statements.

أ) لو ..... الأراضي المستخدمة لتربية الماشية إلى غابات، فسيتحسن المناخ كثيرًا.
ب) لو ..... الشعب هويته الثقافية فسيؤثر هذا سلبًا على التنوع الثقافي في العالم.
ت) الهجرة إلى بلد آخر أحيانًا ..... الناس هويتهم الثقافية الأصلية.

ث) ...... الكثيـر مـن النـاس علـى الطريقـة التـي نعامـل بهـا الحيوانـات فـي المجتمعـات الحديثـة.
ج) ليس من الصعب أن ..... الأغنياء إلى النظام الغذائي النباتي.

Language Functions وظائف لغوية

Talking about imaginary situations

To talk about imaginary situations that probably won't happen, we introduce the conditional sentence by the particle لـو, rather than إذا. The particle is followed by the past tense verb and the second part may or may not be introduced by the particle فـ.

لو ← الفعل الماضي ← (فـ) ← المضارع/المستقبل/الجملة الاسمية

If we all **became** vegan, the climate **would improve.**	**لو أصبحنا** كلنا نباتيين، (فـ)سيتحسن المناخ.
If the ice in Antarctica **melted**, New York **would drown.**	**لو ذاب** الجليد فـي القطب الجنوبي (فـ) **نيويورك ستغرق.**

We negate the condition with لـم followed by الفعـل المضـارع المجـزوم, and the result with لا for the present and لـن for the future and ليـس for the nominal sentence.

لو ← لم + الفعل المضارع المجزوم ← فـ ← لا + المضارع / لن + المستقبل / ليس + الجملة الاسمية

If the sun **didn't rise**, life on earth **would not continue.**	**لو لم تشرق** الشمس، **فلن تستمر** الحياة على الأرض.

14. Find the above structures in the text and highlight them. Translate the sentences in which they appear into English.

15. Complete the sentences below and discuss.

أ) لو اختفى البترول بين ليلة وضحاها.....
ب) لو قامت الحرب النووية .....
ت) لو كانت هناك آلة زمن .....
ث) لو ثارت النباتات على البشر .....
ج) لو اكتشف العلماء العلاج لكل الأمراض .....

Role-Playing لعب الأدوار

16. Work with a partner to do the following role-play.

دور أ	دور ب
أنت مع فكرة التخلي عن أكل اللحوم بشكل تامّ	أنت ضد فكرة التخلي عن أكل اللحوم بشكل تامّ.

Useful expressions

Exploring both sides of an issue

If we assume that what you are saying is true	لو فرضنا مثلًا أنّ كلامك صحيح
Even if we assume that . . .	حتى لو فرضنا أن . . .
If we assume, for the sake of the argument, that . . .	لو فرضنا جدلا أنّ . . .
If you think about it, you will find that . . .	لو فكرتَ في الأمر، ستجد أنّ . . .
If we set our differences aside	لو تركنا اختلافاتنا جانبًا

Writing كتابة

17. Respond to the following prompt.

تعملون في مصنع ينتج الأطعمة النباتية. ويريد المصنع أن يخترق سوق الشرق الأوسط، حيث يعارض الناس النباتية لأسباب اقتصادية وثقافية ودينية. اكتبوا مقالة ستنشر في الدول العربية حول مزايا النظام الغذائي النباتي، وعلقوا على الهموم التي تشغل الناس في تلك الدول فيما يتعلق بالنباتية.

Include the following structures and expressions in your writing.

أ) الجملة الشرطية
ب) البقاء على قيد الحياة
ت) في نهاية المطاف
ث) قد يؤدي إلى ما لا يحمد عقباه
ج) لا يمكن الاستهانة بـ . . .

Up for Discussion مطروح للنقاش

18. Discuss the following scenario.

سكان المنطقة التي تسكنون فيها في الشرق الأوسط سيشاركون في مناقشة عامة حول مشروع بناء مصنع للحوم النباتية فيها. علمًا بأن أغلبية سكان المنطقة يعملون في صناعة اللحوم الحمراء وإنتاج اللحوم المصنعة، وبالتالي فإنهم يعارضون المشروع الجديد بشدة. وهناك من يرفض الفكرة لأسباب دينية وثقافية.

اختاروا دورًا من الأدوار التالية للمشاركة في المناقشة العامة حول مشروع مصنع للحوم البديلة:

- ممثلون عن شركة لحوم بديلة
- ممثلون عن صناعة اللحوم في المنطقة
- مسؤولون حكوميون
- ناشطون بيئيون
- سكان المنطقة من الفئات المختلفة

الهدف من المناقشة هو التوصل إلى اتفاق حول الخطوات التي يجب اتخاذها ردًا على مشروع بناء مصنع اللحوم البديلة في المنطقة.

Discussion 17: Why Do People Believe in Conspiracy Theories?

النقاش السابع عشر: لماذا يؤمن الناس بنظرية المؤامرة؟

Language in Focus

- Speculating about the past events
- Emphasizing the importance of something/someone

Structures and Connectors

- الجملة الشرطية
- لو لا

Introduction مقدمة

1. Work with a partner. Ask each other questions about:

- أمثلة لنظرية المؤامرة
- أسباب لنظرية المؤامرة

2. Which of the following conspiracies have you heard of? Explain.

أ) إنكار الهبوط على القمر.
ب) فيروس كورونا خرج من المختبر.
ت) أحداث ١١ سبتمبر دبّرتها الحكومة الأمريكية.
ث) تغيير المناخ مجرد خدعة.

3. Read the paragraph below. What is the main idea? Ask two questions about it.

في كل أنحاء العالم هناك أناس يؤمنون بنظرية المؤامرة. ومع أن الظاهرة يطلق عليها اسم "نظرية" فإن لا علاقة لها بالتفكير العلمي العقلاني والموضوعي. يستخدم هذا المصطلح للإشارة إلى الاعتقاد بأن الأحداث الكبيرة لم تقع بشكل عفوي وطبيعي، وإنما كان مخططا لها في السر من قبل قوى خفية تسعى إلى تحقيق مصلحة ما. المؤامرة فيها طرفان رئيسيان، هما المتآمر والمتآمَر عليه، والمتآمر عبارة عن قوى شريرة تخطط وتتعاون لتتحكم في مجَرى الأحداث حتى تحققَ هدفها الخبيث. بل ويدّعي البعض أن كل الأحداث الكبرى في التاريخ قد هندسها المتآمرون الذين أداروا الأمور السياسية من وراء الكواليس.

Reading قراءة

4. Read the text.

نظرية المؤامرة بين الواقع والخيال

في أوقات اشتداد الأزمات الدولية والكوارث الطبيعية تزدهر الأفكار الوهمية ونظريات المؤامرة. في الغالب يلجأ إليها الناس بحثا عن وسيلة للتخلص من القلق وإعادة الإحساس بالسيطرة على حياتهم. فإذا ما عرفنا الأسباب وراء الأحداث الجسيمة، فإن هذا يسهل علينا تحمل عواقبها نوعًا ما. إذن فأحداث ١١ سبتمبر مؤامرة أمريكية للهيمنة على العالم، والربيع العربي مؤامرة دبرها الغرب لتدمير الدول العربية، وتغير المناخ مجرد خدعة، وجائحة كورونا صنعتها حكومات خفية تدير العالم من أجل تخفيف الكثافة السكانية. إذا حدث أن حاولت أن تقنع شخصًا يؤمن بفكرة المؤامرة بأنها غير حقيقية، وباءت محاولتك بالفشل الذريع،

فإنك لست وحدك. أصحاب فكرة المؤامرة يتشبثون بها ويدافعون عنها باستماتة عجيبة.

لو كان العالم خاليًا تمامًا من المؤامرات الحقيقية لكان دحض النظريات الغريبة التي لا أساس لها من الصحة أسهل. بالنسبة للعالم العربي، يمكن القول إن المؤامرة الكبرى في تاريخه حدثت في اتفاقية سايكس بيكو، وتلتها سلسلة من المؤامرات التي أطاحت بآمال الشعوب في التحرر والاستقلال. ومن الأمثلة الحديثة شن الحرب على العراق تحت ذريعة امتلاكه لأسلحة الدمار الشامل. هذا غيض من فيض المؤامرات الحقيقية التي واجهها العالم العربي، لكن هناك فرق شاسع بين المؤامرة باعتبارها اتفاقا سريًا للقيام بعمل ما وبين نظرية المؤامرة التي تنسب كل الأحداث إلى وجود قوى شريرة تخطط وتهندس الأحداث وتدير الأمور من وراء الكواليس.

ربما لا تسبب بعض نظريات المؤامرة أضرارًا كبيرة، مثل إنكار الهبوط على القمر أو القول إن ألفيس بريسلي لم يمت. لكن بعضها قد يؤدي إلى عواقب وخيمة، مثل الأخبار الكاذبة التي تنتشر في أوقات تفشي الأوبئة. للأسف تغلغلت هذه النظريات في المجتمع لأنها تعطي الناس تفسيرًا سهلا وبسيطا للعالم. فلولاها لاضطروا إلى مواجهة عالم معقد تتشابك فيه آلاف العوامل والمؤثرات التي تحكمها متغيرات اجتماعية واقتصادية وعلمية متداخلة. وتعطي نظرية المؤامرة الفرصة للجميع لإلقاء اللوم لإخفاقتهم على الآخرين المتآمرين فيقولون: "لولاهم لكنا في حال أفضل." وطالما أن هناك أشخاص يحتاجون إلى الإيمان بالمؤامرات فسوف يستمر هذا النوع من التفكير في التوسع والازدهار.

5. Answer the questions.

أ) لماذا تنتشر نظريات المؤامرة؟
ب) ما بعض الأمثلة لنظرية المؤامرة؟
ت) ما الفرق بين المؤامرة ونظرية المؤامرة؟
ث) لماذا يؤمن الناس بنظرية المؤامرة في رأي الكاتب؟
ج) هل تتفقون مع الكاتب، ولماذا؟

Vocabulary and Expressions مفردات وعبارات

6. Study the following words. In what context was each one mentioned in the text?

to resort to	لجأ، يلجأ، اللجوء إلى
delusional	وهمي
to dominate	هيمن على
to manage	دبّر
to hold on to	تشبث بـ
to penetrate	تغلغل في

to refute	دحض، يدحَض، الدحْض
to be empty of	خلا، يخلو، الخلو من
to overthrow	أطاح بـ
pretext	ذريعة ج ذرائع
factor	عامل ج عوامل

7. Fill in each space with a word from the table above. Discuss two statements.

أ) شُنت الحرب على العراق تحت ..... أسلحة الدمار الشامل.
ب) هناك ..... متشابكة تؤثر في مجرى الأحداث العالمية الكبرى.
ت) ..... الناس إلى نظريات المؤامرة لتفسير الأحداث الجسيمة.
ث) ..... نظريات المؤامرة في المجتمع لأنها تريح العقل من التفكير.
ج) أصحاب فكرة المؤامرة ..... بها ويدافعون عنها بشكل مستميت.

8. What springs to mind when you read these phrases? Explain.

أ) وسيلة للتخلص من القلق
ب) الهيمنة على العالم
ت) عوامل ومؤثرات متداخلة
ث) الأحداث الجسيمة
ج) تفشي الأخبار الكاذبة
ح) تفسير سهل وبسيط

9. Fill in each space with the appropriate preposition.

أ) أصحاب نظريات المؤامرة يتشبثون ..... أفكارهم.
ب) للأسف العالم ليس خاليًا ..... المؤامرات الحقيقية.
ت) بعض الناس يلجؤون ..... نظرية المؤامرة للتخلص من القلق.
ث) بعض المؤامرات الحقيقية أطاحت ..... آمال الشعوب في الاستقلال.
ج) يؤمن البعض أن الماسونية تهيمن ..... حكومات العالم.

10. Study the following expressions. In what context was each one used in the text?

to be a fiasco	باء بالفشل الذريع
behind the scenes	من وراء الكواليس
tip of the iceberg	غيض من فيض
unfounded	لا أساس له من الصحة
to place blame on	ألقى اللوم على

11. Fill in each space with an expression from the table above. Discuss two statements.

أ) ما ذكرناه من الأمثلة على نظريات المؤامرة ليس سوى ....
ب) في السياسة الدولية هناك قوة خفية تدبر الأحداث ....
ت) كلّ المحاولات لإقناع الناس أن تغير المناخ ليس خدعة ....
ث) الكلام أن فيروس كورونا خرج من المختبر ....

Verbs and Verb Forms أفعال وأوزان

12. Review the quadriliteral verbs and complete the chart below.

الوزن	الماضي	المضارع	المصدر	اسم الفاعل	اسم المفعول
	هيمن				
		سيطر			
			هندسة		
		يتغلغل			
	رفرف				

13. Complete the following statements with the verbs from the table above.

أ) ينكر البعض الهبوط على القمر، لأنّ العلم الأمريكي في الصورة ....
ب) يرى البعض أن الولايات المتحدة ..... على العالم.
ت) هناك اعتقاد أن المتآمرين ..... كل الأحداث الكبرى في التاريخ.
ث) إذا ..... التفكير التآمري على عقل الشخص، فلا يمكن إقناعه بعدم وجود المؤامرة.
ج) نظرية المؤامرة ..... في كل فئات المجتمع وفي كل بلاد العالم.

Language Functions وظائف لغوية

Speculating about the past

To speculate about the past, we often use the conditional sentence below. Both the condition and the result are contrary to the facts, as they refer to past events that can no longer be changed.

لو	←	الفعل الماضي	←	لـ	←	الفعل الماضي

If all people **believed** the scientists, the pandemic **would have ended** quickly.	**لو** صدق كل الناس العلماء، **لانتهت** الجائحة بسرعة.
If humans **had protected** the environment, they **would have secured** the future of their children.	**لو** حافظ الإنسان على البيئة **لضمن** مستقبل أولاده.

We negate the condition with لـم followed by الفعل المضارع المجزوم, and the result with ما.

لو	←	لم + الفعل المضارع المجزوم	←	لـ	←	ما + الفعل الماضي

If Saddam **had not invaded** Kuwait, the US Army **would not have** entered Iraq.	**لو لم يغز** صدام الكويت **لما دخل** الجيش الأمريكي العراق.
If the pandemic **had not spread**, **people would not have lost** their jobs.	**لو لم تنتشر** الجائحة، **لما فقد** الناس وظائفهم.

Emphasizing importance of someone or something

The construction لولا followed by a noun ("if it had not been for . . . ") is used to emphasize that one event depends on another for completion or occurrence. This structure is often used to show what negative consequences would have happened had it not been for the certain person or thing mentioned.

لو	←	الاسم	←	لـ / لما	←	الفعل الماضي

If it hadn't been for curiosity, humankind **would have remained** ignorant.	**لولا** الفضول **لبقي** الإنسان جاهلًا.
If it hadn't been for science, humanity **would not have evolved**.	**لولا** العلم **لما تطورت** البشرية.

14. Find the above structures in the text and highlight them. Translate the sentences in which they appear into English.

15. Complete the sentences below with your ideas. Discuss.

أ) لو كان ألفيس بريسلي حيًا .....
ب) لو لم يحدث الهبوط على القمر .....
ت) لو خرج فيروس كورونا من المختبر.....
ث) لو لم يصدق الناس أن تغير المناخ خدعة .....
ج) لولا العلماء .....
ح) لو لم تتغلغل نظريات المؤامرة في المجتمع .....
خ) لولا وسائل التواصل الاجتماعي .....
د) لولا نظريات المؤامرة .....
ذ) لو تدرب كل الناس على التفكير النقدي .....

Role-Playing لعب الأدوار

16. Work with a partner to do the following role-play.

دور ب	دور أ
لا تؤمن/ تؤمنين بأن جائحة الكورونا كانت مؤامرة بل ولا تؤمن/تؤمنين بنظرية المؤامرة على الإطلاق.	تؤمن/تؤمنين بأنّ جائحة كورونا كانت مؤامرة.

Useful expressions

Paraphrasing

meaning	يعني
In other words,	أو بعبارة أخرى، فإنَّ . . .
What I mean is . . .	قصدي أنَّ . . .
What it means is that . . .	ومعنى ذلك أنَّ . . .

Expanding

Let me add that . . .	دعني/دعيني أضيف أن . . .
On top of this	علاوة على ذلك
This is one side. As for the other . . .	هذا جانب، أما الجانب الآخر فهو . . .
There are many things to add, among them . . .	هناك أشياء كثيرة أضيفها ومنها . . .

Writing كتابة

17. Respond to the following prompt.

طلب منكم أحد المواقع الإلكترونية المخصصة لمحاربة الأخبار الكاذبة ونظريات المؤامرة أن تكتبوا مقالة حول نظرية مؤامرة تريدون دحضها، وسيقوم الموقع بنشر هذه المقالة.

Include the following structures and expressions in your writing.

أ) الجملة الشرطية (لو – ل)
ب) لولا
ت) باء بالفشل الذريع
ث) فيض من غيض
ج) لا أساس له من الصحة

Up for Discussion مطروح للنقاش

18. Discuss the following scenario.

ناقشوا نظريات المؤامرة التي قمتم بدحضها على الموقع المخصص لمحاربة نظريات المؤامرة. الهدف من المناقشة هو التوصل إلى اتفاق حول أكثر نظريات المؤامرة خطورة على المجتمع وتقديم اقتراحات حول طريقة محاربتها.

Discussion 18: Is Alternative Medicine Science or Quackery?

النقاش الثامن عشر: هل الطب البديل علم أم دجل وشعوذة؟

Language in Focus

Talking about the ability or potential for something

Structures and Connectors

- المضارع المبني للمجهول
- قابل لـ، غيرِ قابل لـ
- من شأنه أنْ + الفعل المضارع المنصوب

Introduction مقدمة

1. Work with a partner. Ask each other questions about:

- تجارب مع الطب البديل
- اهتمام الناس بالطب البديل

2. Do you agree with the statements below? Explain.

أ) معظم الأدوية الطبية لها أعراض جانبية خطيرة.
ب) العلاج بالأعشاب قد لا يسبب أعراض جانبية.
ت) الناس الذين يلجؤون إلى الطب البديل جهلة.
ث) شركات الأدوية غير أخلاقية لأنها لا تهتم إلا بالربح.
ج) كل شخص حرّ في اختيار العلاج الذي يناسبه.

3. Read the paragraph below. What is the main idea? Ask two questions about it.

على الرغم من الإنجازات الهائلة التي حققتها البشرية في مجال الطب والتوسع غير المسبوق في بناء المستشفيات والعيادات وصناعة الأدوية والعقاقير وجعلها في متناول الجميع، فإن العالم يشهد إقبالا متزايدًا على التداوي بالأعشاب والزيوت الطبيعية والتأمل والحجامة والإبر الصينية والعلاج بالمثل، وغيرها من أساليب ما يسمى بالطب البديل. تنتشر مراكز الطب البديل في كل أنحاء العالم. وتزداد شعبية هذا النوع من العلاج بسبب انتشار الدعوة للعودة إلى الطبيعة في كل مجالات الحياة من ناحية، والمخاوف من التأثيرات الجانبية السلبية للأدوية التقليدية من ناحية أخرى.

Reading قراءة

4. Read the text.

الطب المكمل وليس البديل

إذا كان لشخص سيارة تحتاج إلى التصليح فإنه سيتوجه إلى ميكانيكي، ولن يبحث عن "ميكانيكي بديل." وإذا حدث أن انقطعت الكهرباء في بيته، فإنه سيبحث عن كهربائي وليس "كهربائي بديل." لماذا إذن يبحث الناس عن الشفاء بعيدًا عن الطبيب والمستشفى على أيدي ممارسي "الطب البديل" مع أنّ العديد منهم دجالون ومشعوذون؟ ويحدث هذا حتى في البلاد التي وصل فيها الطب إلى مستويات لا تضاهى. قد نتفهم الموقف إذا كان الشخص مصابًا بأحد الأمراض المستعصية، فالغريق يتعلق بقشة. لكنه لا يعقل أبدًا أن يتناول أي مريض خلطات

عشبية غريبة أخذها من شخص لم يدرس الطب يومًا في حياته بدلًا من أن يتجه إلى طبيب متخصص.

يبدو أن البعض يتوجه إلى "الطب البديل" لاقتناعهم بأن العقاقير الكيماوية سلاح ذو حدين، حيث أنها من جهة تعالج المرض لكن من جهة أخرى تترك آثارًا جانبية قد تكون أكثر خطورة من المرض الأصلي. بل وهناك من يدعي أن العقاقير الحديثة مجرد سموم تجارية تروج لها شركات الأدوية الكبرى من أجل الربح، ليس إلا. المضحك المبكي أن يكون الناس مقتنعين أن الأشياء الطبيعية لا تضرّ بهم، والكل يعرف أن حتى الأطعمة التي نتناولها قد تسبب لنا مشاكل صحية. كيف يثق الناس في خلطة عشبية لا يعرف أحد ما فيها ولا يثقون في شركات الأدوية التي تأخذ سنوات وسنوات من الدراسة والتجربة والبحث والاختبار لأي دواء جديد؟

كم مريضًا توهم بعلاجات "الطب البديل" فتدهورت حالته إلى مرحلة ميئوس منها بالرغم من أن المرض كان قابلًا للعلاج؟ وللأسف فتحت وسائل الإعلام الأبواب على مصراعيها لكل من هب ودب أن يقدم نصائحًا حول تشخيص الأمراض وعلاجها، ويسمي نفسه خبيرًا في الطب البديل. لا يمكن الإنكار أن الوسائل البديلة قد تحقق نتائج لا يستهان بها في بعض الحالات، لكن بشرط أن يتعامل بها طبيب متخصص يستخدمها جنبًا إلى جنب مع الطب الحديث وليس بديلًا عنه. إن الصحة أغلى ما عند الإنسان، ولا يجوز أن نستبعد أي وسيلة من شأنها أن تساعد المريض على التخلص من آلامه. لكنه لا بد أن يكون للعلم الكلمة الفصل في كل أمور الحياة، الكبيرة منها والصغيرة.

5. Answer the questions.

أ) ما بعض التساؤلات التي تطرحها الكاتبة؟
ب) لماذا يُقبل الناس على الطب البديل؟
ت) ما رأي الكاتبة، وكيف تدلل عليه؟
ث) ما دور وسائل الإعلام في الموضوع؟
ج) هل تتفقون مع الكاتبة أم لا، ولماذا؟

Vocabulary and Expressions مفردات وعبارات

6. Study the following words. In what context was each one used in the text?

to compare	ضاهى
charlatan	دجّال ج ون
swindler	مشعوذ ج ون
to be difficult	استعصَى على
medication	عقّار ج عقاقير
to be under the illusion	توهَّم
to despair	يئس، ييأس، اليأس

to diagnose	شخّص
to deny	أنكر
to underestimate	استهان بـ
to exclude	استبعد

7. Fill in each space with a word from the table above. Discuss two statements.

أ) معظم ممارسي الطب البديل من ..... والمشعوذين.
ب) معظم ..... الطبية يسبب الأعراض الجانبية.
ت) معظم المرضى الذين يتوجهون إلى الطب البديل مصابون بأمراض ....
ث) معظم الناس ..... أن العلاجات الطبيعية ليس لها أضرار.
ج) معظم الخلطات العشبية تحقق نتائج لا ..... بها.

8. What springs to mind when you read these phrases?

أ) مستوى لا يضاهى
ب) الآثار الجانبية
ت) خلطة عشبية غريبة
ث) نتائج لا يستهان بها
ج) مرحلة ميئوس منها

9. Which of the following would you try? Why or why not?

الإبر الصينية - الحجامة - التأمل - العلاج بالأعشاب - العلاج بالمثل - التدليك

10. Fill in each space with the appropriate preposition. Answer each question.

أ) هل يقبل أصدقاؤكم .... الطب البديل؟
ب) من يتوجه ..... الدجالين والمشعوذين؟
ت) هل تسببت لكم الأدوية .... الآثار الجانبية؟
ث) لماذا يحذر الأطباء ..... الخلطات العشبية؟
ج) هل سبق أن لجأتم ..... العلاج بالإبر الصينية؟
ح) إلى أي مدى تثقون .... العلاج بالأعشاب؟

11. Study the following expressions. In what context was each one used in the text?

double-edged sword	سلاح ذو حدين
that's all	ليس إلا

makes you cry and laugh at the same time	المضحك المبكي
to open the floodgates	فتح الباب على مصراعيه
everyone and their mother	كل من هب ودب

12. Fill in each space with an expression from the table above. Discuss two statements.

أ) ..... يعمل اليوم في مجال الطب البديل.
ب) أعتقد أن كل العقاقير الحديثة ..... .
ت) لا أظن أنّ شركات الأدوية تهتم بالربح، ..... .
ث) وسائل الإعلام ..... أمام الدجالين والمشعوذين.
ج) ..... أن الناس يؤمنون بالطب البديل ولا يؤمنون بالطب الأصيل.

Verbs and Verb Forms أفعال وأوزان

13. Complete the chart below.

الماضي	المضارع المبني للمعلوم	المضارع المبني للمجهول
ضاهى		
قاوم		
اعتمد		
استهان		
عقل		
نسي		
صدّق		

14. Use the passive verbs to from the chart above to complete the following statements.

أ) حقق الطب البديل نجاحًا لا ..... به في علاج بعض الأمراض.
ب) حقق الطب الحديث إنجازات لا ..... في مجال الجراحة.

ت) قصص العلاج باللمس والطاقة قصص غريبة لا ....
ث) نصائح ممارسي الطب البديل لا ...... عليها.
ج) لا ...... أن نطلب العلاج من شخص لم يدرس الطب.
ح) العلاج بالإبر الصينية تجربة لا ....
خ) بعض المشعوذين عندهم كاريزما لا ....

Language Functions وظائف لغوية

Talking about the ability or potential for something

a) The following structure is used to express adjectives that describe the ability or potential for something, for example, being negotiable, feasible, or applicable.

قابل لـ + المصدر

a negotiable issue	موضوع **قابل للتفاوض**
a usable tool	أداة **قابلة للاستخدام**
an applicable theory	نظرية **قابلة للتطبيق**
a feasible project	مشروع **قابل للتنفيذ**

Pay attention to the use of the definite article and the ways it affects the meaning.

a negotiable issue	**موضوع قابل** للتفاوض
the issue is negotiable	**الموضوع قابل** للتفاوض
the negotiable issue	**الموضوع القابل** للتفاوض

b) The following expression is used to talk about the potential to do or be something, similar to the modals "could" and "would" in English.

subject، من شأنه/ شأنها + المضارع المنصوب

a medication that could treat	دواء من شأنه أن يعالج
things that would last	أشياء من شأنها أن تدوم

Talking about a lack of ability or potential for something

The adjectives that are used to describe the lack of an ability or potential for something (for example, non-negotiable, inapplicable, incredible) can be expressed in two ways:

a) Negating the structure above using غير

غير قابل لـ + المصدر

a non-negotiable matter	أمر **غير قابل للتفاوض**
an unusable tool	أداة **غير قابلة للاستخدام**
an inapplicable theory	نظرية **غير قابلة للتطبيق**
an unfeasible project	مشروع **غير قابل للتنفيذ**

b) Some imperfect verbs in passive voice can be used to express a similar meaning.

(لا) يُفعَل

an unbelievable statement	كلام **لا يُصَدَّق**
incomparable achievements	إنجازات **لا تضاهَى**
an irresistible offer	عرض **لا يُقاوَم**
uncountable benefits	فوائد **لا تُعَد ولا تُحْصَى**

Even though in many cases the passive verb is used in a negative form, there are examples of affirmative verbs as well.

a reliable male doctor	طبيب **يُعتمَد عليه**
a reliable female doctor	طبيبة **يُعتمَد عليها**
reliable doctors	أطباء **يُعتمَد عليهم**

The meaning of the verb and the context in which it is used affect the choice of the structure. In some cases, the two structures غير قابل لـ + المصدر and لا يُفعَل have different meanings. Consider the following examples.

This is a law that is not being applied now.	هذا قانون **لا يُطبَّق** الآن.

This is a law that is not applicable now.	هذا قانون **غير قابل للتطبيق** الآن.

15. Find the above structures in the text and highlight them. Translate the sentences in which they appear into English.

16. Give an example for each of the following and elaborate.

أ) مسألة غير قابلة للنقاش
ب) تجربة لا تنسى
ت) إنجازات لا تضاهى
ث) شيء له فوائد لا تعد ولا تحصى
ج) نجاح لا يستهان به
ح) خبر لا يصدق
خ) فكرة غير قابلة للتطبيق
د) دواء من شأنه أن يغير حياة الناس
ذ) قرارات من شأنها أن تغير العالم

Role-Playing لعب الأدوار

17. Work with a partner to do the following role-play.

دور ب	دور أ
أنت تمارس/تمارسين العلاج بالأعشاب واتفقت على المقابلة مع صحفي/صحافية يعارض/تعارض هذا النوع من العلاج بشدة.	أنت صحافي/صحافية ولا تؤمن/تؤمنين بالعلاج بالأعشاب. ستجري/تجرين مقابلة مع شخص يمارس هذا النوع من العلاج.

Useful expressions

Insisting on a point

I still believe that . . .	أنا ما زلت أعتقد أنّ . . .
I am telling you again	أرجع وأقول لك مرة أخرى
I don't think there is anything to discuss.	لا أظن أن هناك مجالا للنقاش.

Suggesting an alternative viewpoint

Could we look at . . . ?	هل يمكننا أن ننظر إلى . . . ؟
I am telling you again	لننظر إلى الموضوع من زاوية أخرى.
Let's look at the issue from another angle.	هذا صحيح، لكن هناك أيضا . . .

Writing كتابة

18. Respond to the following prompt.

أنتم تعملون في قسم التسويق في مركز جديد للطب البديل. المطلوب منكم أن تكتبوا إعلانات حول عدد من طرق العلاج البديلة التي يقدمها المركز مثل العلاج بالمثل، والحجامة، والعلاج بالزيوت، واليوجا، والتأمل، وما إلى ذلك.

Include the following structures and expressions in your writing.

أ) قابل لـ/ غير قابل لـ
ب) لا يُضاهى، لا يُصدق، لا يُنسى
ت) سلاح ذو حدين
ث) لا أساس له من الصحة
ج) لا محالة

Up for Discussion مطروح للنقاش

19. Discuss the following scenario.

هناك مجموعة من ممارسي الطب البديل يريدون إنشاء مركز للطب البديل في الحي الذي تسكنون فيه. العديد من سكان الحي متحمسون للفكرة، إذ أنهم من المقبلين على العلاج بالطب البديل، لكن هناك معارضين يعتقدون أن المركز سيأتي بالدجالين والمشعوذين إلى الحي، بالإضافة إلى أنه من شأنه أن يجذب ناس غرباء إليه. قررت إدارة الحي عقد اجتماع عام لمناقشة الموضوع. اختاروا دورًا من الأدوار التالية للمشاركة في الاجتماع:

أ) ممارسو الطب البديل
ب) مجموعة من الأطباء
ت) مسؤولون حكوميون
ث) سكان الحي المؤيدون للمركز
ج) سكان الحي المعارضون للمركز

الهدف من الاجتماع هو التوصل إلى اتفاق حول مشروع افتتاح مركز للطب البديل أو منع المشروع تمامًا.

Discussion 19: How Can Sustainable Development Be Achieved?

النقاش التاسع عشر: كيف يمكن تحقيق التنمية المستدامة؟

Language in Focus

- Talking about an unintended event that almost happened in the past
- Talking about an intended and unrealized event in the past

Structures and Connectors

- كاد + الفعل المضارع
- كان + سـ + المفعل المضارع

Introduction مقدمة

1. Work with a partner. Ask each other questions about:

- فكرة التنمية المستدامة
- فكرة البصمة الكربونية

2. Match up terms and meanings.

أ) التنمية الاقتصادية
ب) الاستدامة
ت) الموارد الطبيعية
ث) البصمة الكربونية
١. المواد الموجودة في الطبيعة ويستفيد منها الإنسان، مثل الماء، والشمس، والمعادن.
٢. إجمالي الغازات الدفيئة الناتجة عن الانبعاثات الصناعية أو الشخصية.
٣. تحسين الأحوال الاقتصادية في الدولة لتحقيق مزيد من التقدم والتطور.
٤. حفظ نوعية الحياة التي يعيشها الإنسان على مدى الطويل.

3. Read the paragraph below. What is the main idea? Ask two questions about it.

وضعت منظمة الأمم المتحدة سبعة عشر هدفًا للتنمية المستدامة وأدخلتها في خطة التنمية المستدامة لعام ٢٠٣٠. ومن بين الأهداف السبعة عشر: القضاء على الفقر والجوع، وضمان الصحة الجيدة للجميع، ومستوى التعليم الجيد، وضمان توفير المياه النظيفة وخدمات الصرف الصحي للجميع، وضمان حصول الجميع على الطاقة النظيفة بأسعار معقولة، وتعزيز النمو الاقتصادي وتوفير فرص العمل المناسبة للجميع، والتشجيع على الاختراع والابتكار في الصناعة والإنتاج، وتحقيق المساواة بين الجنسين، وبناء مدن وقرى مستدامة، ومكافحة تغير المناخ وتعزيز التطورات في مجال الطاقة المتجددة، وحفظ الحياة تحت الماء في المحيطات والبحار، وحماية الحياة البرية، وتحقيق السلام والعدالة في العالم، وإحياء الشراكة العالمية من أجل تحقيق التنمية المستدامة.

Reading قراءة

4. Read the text.

التنمية والبيئة في دبي: إلى أين؟

تستحوذ التنمية المستدامة على اهتمام المخططين والمطورين في دول الخليج، ولا سيما عند إطلاق المشروعات العملاقة التي تواجه تحديات كبيرة في تحقيق

التوازن بين الجوانب الاقتصادية والاجتماعية والبيئية. من الأمثلة على ذلك ما واجهته شركة "نخيل" الإماراتية من عقبات أمام بناء الجزر الاصطناعية في دبي. فقد أنجزت الشركة المرحلة الأولى من المشروع عام ٢٠٠٦ وكانت ستفتتح المرحلة الثانية عام ٢٠٠٨، إلا أن الأزمة المالية العالمية حالت دون ذلك. وكادت الشركة تنهار إلى أن قررت الحكومة إنقاذها، فتمكنت من استكمال هذا المشروع المهم الذي ساهم في تحويل دبي إلى وجهة سياحية عالمية. كما تغلبت الشركة على الكثير من التحديات للحفاظ على سلامة البيئة البحرية.

تحتل دول الخليج الصدارة على المستوى العالمي في بناء مدن ذكية صديقة للبيئة، لكن هناك كذلك مشاريع مثيرة للجدل مثل إنشاء العديد من ناطحات السحاب. في زمن ليس ببعيد كادت المنطقة تكون خالية من الأبراج الشاهقة، لكن التطور السريع بعد اكتشاف النفط أدى إلى تضاعف عدد السكان. وتتمثل ميزة الأبراج في أنها تستغل مساحة الأرض المحدودة لأغراض متعددة، وهي أيضًا رمز للحداثة والازدهار الاقتصادي. كما تلعب دورًا مهمًا في تنشيط الاقتصاد وجذب الاستثمارات وإضفاء اللمسة الجمالية على المدينة. فإن الأفق العمراني لناطحات السحاب تجعل المدينة محط الأنظار على الصعيد الداخلي والعالمي على حد سواء.

في المقابل تثير ناطحات السحاب همومًا بيئية تتعلق بانبعاثات عالية من الكربون، علاوة على زيادة استهلاك الطاقة الكهربائية لتشغيل المكيفات والإضاءة والمصاعد. أضف إلى ذلك مخاوف بشأن الأمن والسلامة، خاصة في حالة اندلاع الحرائق أو وقوع الزلازل. وجدير بالذكر أن عددًا من الشركات التي كانت ستنفذ الأبراج الشاهقة في المنطقة قد توقف عن العمل لأجل غير مسمى. وليست الإشكاليات المذكورة سوى غيض من فيض، لكنها تلقي الضوء على تحديات التنمية المستدامة في دول الخليج والعالم أجمع. وما من شك أن تحقيق أهداف التنمية المستدامة يتطلب تضافر الجهود والشراكة بين الحكومات والقطاع الخاص والمجتمع المدني والمواطنين جميعًا.

5. Answer the questions.

أ) ما الظروف التي مرت بها شركة "نخيل"؟
ب) كيف أثر مشروع الجزر الاصطناعية في المدينة؟
ت) كيف تغيرت المدن في منطقة الخليج؟
ت) ما بعض مزايا وعيوب ناطحات السحاب؟
ج) كيف يمكن تحقيق التنمية المستدامة؟
ح) ما بعض القضايا الأخرى المتعلقة بالتنمية المستدامة في رأيكم؟

Vocabulary and Expressions مفردات وعبارات

6. Study the following words. In what context was each one used in the book?

to capture	استحوذ على
sustainability	استدامة
balance	توازن
to collapse	انهار
artificial	اصطناعي
to overcome	تغلب على
to multiply	تضاعف
to invest	استثمر
to impart, grant	أضفى على
to consume	استهلك
to carry out	نفّذ

7. Fill in each space with a word from the table above. Discuss two statements.

أ) شركة "نخيل" ..... مشروع الجزر الاصطناعية رغم التحديات الكبيرة التي واجهتها.
ب) إن ناطحات السحاب ..... الكثير من الطاقة الكهربائية. .
ت) من الصعب تحقيق ..... بين النواحي الاقتصادية والاجتماعية والبيئية في المشروعات التنموية.
ث) كثير من الشركات الكبيرة كادت ..... خلال الأزمة المالية في العالم.
ج) لا شك أن المشاريع العملاقة تجذب ..... من كل أنحاء العالم.

8. What springs to mind when you read these phrases?

أ) مشروعات عملاقة
ب) وجهة سياحية عالمية
ت) التغلب على التحديات
ث) شركة صديقة للبيئة
ج) أبراج شاهقة

9. Fill in each space with the appropriate preposition.

أ) ناطحات السحاب تضفي جمالاً وسمة عصرية ..... المدن الحديثة.
ب) كل المشاريع العملاقة يجب أن تتغلب ..... بعض التحديات الكبيرة.
ت) كثير من الناس يستثمرون ..... دول الخليج بسبب نجاح مشاريعها العملاقة.

ث) شركة "نخيل" انتهت ..... بناء الجزر الاصطناعية بالرغم من التحديات الكبيرة.
ج) بعض الشركات العالمية توقفت ..... بناء ناطحات سحاب عملاقة.

10. Study the following expressions. In what context was each one used in the text?

to be at the forefront	احتل الصدارة
to add a touch of beauty	أضفى لمسة جمالية على
indefinitely	لأجل غير مسمى
in the spotlight	محط الأنظار
concentrated effort	تضافر الجهود

11. Fill in each space with an expression from the table above. Discuss two statements.

أ) دول الخليج ..... في بناء مدن جديدة صديقة للبيئة.
ب) الأفق العمراني ..... على المدن الحديثة.
ت) تنفيذ المشاريع العملاقة يحتاج إلى ..... بين الحكومة والشركات الخاصة.
ث) لم تكن المدن الخليجية وجهة سياحية في الماضي لكنها أصبحت ...... في السنوات الأخيرة.
ج) بعض المشاريع العملاقة في بلاد مختلفة توقفت ......

Verbs and Verb Forms أفعال وأوزان

12. Review weak verbs (الفعل الناقص) ending in الواو and complete the chart below.

اسم المفعول	اسم الفاعل	المصدر	المضارع	الماضي
			ينمو	
		تنمية		
			يُنمّي	
				تنامى
			ينتمي	

13. Fill in each space with a word from the chart above. Discuss two statements.

أ) الوعي حول ضرورة تحقيق التنمية المستدامة ..... يومًا بعد يوم.
ب) مع الأسف ..... الوعي لا يضمن الالتزام بالتنمية المستدامة.
ت) الحكومة يجب أن ..... وعي المواطنين حول مشاكل البيئة.
ث) لا يجوز أن تأتي ..... الاقتصادية على حساب البيئة الطبيعية.
ج) ..... عدد سكان دول الخليج نموًا سريعًا منذ اكتشاف النفط.
ح) مع زيادة المشاريع العملاقة ..... المخاوف حول تأثيرها على البيئة.

Language Functions وظائف لغوية

Talking about an unintended action that almost happened

To talk about an unplanned or unintentional action that almost happened in the past we use the verb كاد in combination with the present tense verb.

كاد + الفعل المضارع

The companies **almost collapsed.**	**كادت** الشركات **تنهار**.
The workers **almost caused** an accident.	**كاد** العمال **يتسببون** في حادث.

The verb كاد has different meanings in different contexts. When كاد is negated, the meaning of the construction changes to "hardly."

He **was hardly affected** by the crisis.	**لم يكد يتأثر** بالأزمة.
The company **was hardly affected** by the crisis.	**لم تكد** الشركة **تتأثر** بالأزمة.

When the negated verb كاد is combined with the connector حتى, the meaning of the construction becomes "as soon as."

As soon as the crisis started, the company collapsed.	**لم تكد** الأزمة **تبدأ حتى** انهارت الشركة.
As soon as the company announced the project, the investors came.	**لم تكد** الشركة **تعلن** عن المشروع **حتى** جاء المستثمرون.

Talking about an unrealized action in the past

To talk about an action that was intended, planned, or expected to happen in the past but was not realized, we use the verb كان in combination with a future tense verb.

كان + سيفعل

I **was going to travel** to Dubai to work.	**كنت سأسافر** إلى دبي للعمل.
The company **was going to stop** the project.	**كانت** الشركة **ستوقف** المشروع.
Environmental scientists **were going to demand** the banning of the project.	**كان** علماء البيئة **سيطالبون** بمنع المشروع.

14. Find the above structures in the text and highlight them. Translate the sentences in which they appear into English.

15. Complete these sentences with your ideas and discuss.

أ) بسبب الأزمة المالية، كاد المشروع .....
ب) كاد عدد السياح الذين يزورون دبي .....
ت) كاد الزلزال .....
ث) كدتُ أصرخ عندما .....
ج) كانت بعض الدول ستبني محطة نووية ولكن .....
ح) كانت الولايات المتحدة ستوقع على اتفاقية كيوتو حول تغير المناخ ولكن .....
خ) كانت مدينة جدة ستبني ناطحة سحاب طولوها ميل واحد ولكن .....
د) كنت سأسكن في ناطحات سحاب عالية ولكن .....

Role-Playing لعب الأدوار

16. Work with a partner to do the following role-play.

دور ب	دور أ
تعتقد/تعتقدين أن تحقيق أهداف التنمية المستدامة ممكن.	تعتقد/تعتقدين أن تحقيق أهداف التنمية المستدامة مستحيل.

Useful expressions

Correcting

This is right to an extent, but . . .	هذا صحيح إلى حدٍّ ما، ولكن . . .
Let us correct your information.	لنصحح معلوماتك.

Persuading

We all know that . . .	كلنا نعرف أنّ . . .
We are not going to argue if we say . . .	لن نختلف إذا قلنا إن . . .

Summarizing

In summary . . .	خلاصة القول إن . . .
The bottom line is . . .	المختصر المفيد هو أنّ . . .

Writing كتابة

17. Respond to the following prompt.

قدمت الحكومة اقتراحًا بتنفيذ عدد من المشروعات العملاقة في المنطقة التي تعيشون فيها. من بين الاقتراحات: بناء برج عملاق، وإنشاء محطة نووية ومدينة رياضية متعددة الاستخدامات. وطلب منكم رئيس تحرير مجلة بيئية التعليق على هذه الاقتراحات أو تقديم اقتراح آخر حول أكثر المشروعات استدامة في المنطقة.

Include the following structures and expressions in your writing:

أ) الجملة الشرطية
ب) كاد + الفعل المضارع
ت) كان سيفعل
ث) في زمن ليس ببعيد
ج) محط الأنظار
ح) لأجل غير مسمى

Up for Discussion مطروح للنقاش

18. Discuss the following scenario.

ستشاركون في اجتماع عام لمناقشة عدد من المشروعات العملاقة التي تقترح الحكومة تنفيذها في المنطقة التي تعيشون فيها لتحقيق الازدهار الاقتصادي والرفاهية لسكان المنطقة. من بين المقترحات المشروعات التالية:

أ) ناطحة سحاب عملاقة يصل ارتفاعها إلى ألف متر.
ب) محطة نووية لتوليد الطاقة الكهربية ستكون من أكبر المحطات من هذا النوع في العالم.
ت) مدينة رياضية تضم مبان رياضية متعددة الأغراض يمكنها أن تستضيف مختلف البطولات العالميةً.
ث) مطار دولي جديد ينافس أحدث المطارات العالمية.

كما يمكنكم تقديم اقتراح بشأن مشروع آخر أكثر ملاءمة لطبيعة المنطقة التي تسكنون فيها. الهدف من الاجتماع هو التوصل إلى اتفاق حول المشروع الذي يمكن اعتباره الأكثر انسجامًا مع أهداف التنمية المستدامة.

Discussion 20: How Is Artificial Intelligence Going to Change the World?

النقاش العشرون: كيف سيغير الذكاء الاصطناعي العالم؟

Language in Focus

- Talking about an event that will happen before a certain point in the future
- Using expressions to intensify statements

Structures and Connectors

- سيكون + (قد) + الفعل الماضي
- عبارات مختلفة

Introduction مقدمة

1. Work with a partner. Ask each other questions about:

- الذكاء الاصطناعي
- التوقعات حول مستقبل العالم

2. Which of the following is likely to happen? Explain.

أ) سيصبح الروبوت فردًا من أفراد العائلة.
ب) سيندمج الإنسان مع الكومبيوتر.
ت) ستحل الروبوتات محل البشر في سوق العمل.
ث) سيتحرر الإنسان من كل الأعمال الروتينية.
ج) ستشن الروبوتات الحرب على البشر.

3. Read the paragraph below. What is the main idea? Ask two questions about it.

كشفت دراسة حديثة أجراها باحثون بريطانيون وأمريكيون أن هناك احتمالًا بنسبة خمسين بالمائة بأن يتفوق الذكاء الاصطناعي على الذكاء البشري في جميع المجالات في غضون خمسة وأربعين عامًا، ومن المتوقع أن يكون قادرًا على تولي كافة الوظائف البشرية في غضون مائة وعشرين عامًا. ولا تستبعد نتائج الدراسة أن يحدث ذلك قبل هذا التاريخ. ووفقًا للدراسة فإن "الآلات ستتفوق على البشر في ترجمة اللغات بحلول عام ٢٠٢٤، وكتابة المقالات المدرسية بحلول عام ٢٠٢٦، وقيادة الشاحنات بحلول عام ٢٠٢٧، والعمل بتجارة التجزئة في ٢٠٣١، بل وفي كتابة واحد من أفضل الكتب مبيعًا بحلول عام ٢٠٤٩، وفي إجراء الجراحات بحلول عام ٢٠٥٣." وشددت الدراسة على أن الذكاء الاصطناعي يحسّن قدراته بسرعة، ويثبت ذاته على نحو متزايد في مجالات مختلفة.

Reading قراءة

4. Read the text.

هل يمكن إجبار المارد على العودة إلى القمقم؟

في السنوات الأخيرة تسلل الذكاء الاصطناعي إلى جوانب متعددة لحياتنا اليومية. وبحلول عام ٢٠٣٠ سيكون الذكاء الاصطناعي قد غيّر الطريقة التي نذهب بها إلى العمل، وطريقة اعتنائنا بصحتنا وطريقة تعليم أطفالنا. ويبدو أن الزمن الذي تفرّد فيه الإنسان بخاصية الذكاء قد بات قاب قوسين أو أدنى من النهاية. فقد بدأت الروبوتات تنافسنا فكريًا وأصبح تفوقها علينا مسألة وقت. أصبح لها مظهر خارجي يكاد لا يختلف عن مظهرنا، وتتكلم مثلنا، بل

ويتمتع بعضها بروح الدعابة كما هو الحال مع الروبوت صوفيا التي منحتها السعودية الجنسية عام ٢٠١٧، الأمر الذي أثار تساؤلات حول حقوق الروبوتات. فهل لصوفيا مثلا الحق في التصويت والزواج؟ وإذا أغلقها أحد فهل يعتبر ذلك جريمة قتل؟

يدق العلماء ناقوس الخطر. فبحلول ٢٠٥٠ ستكون أنظمة الذكاء الاصطناعي قد استولت على سوق العمل، إذ أنها أسرع وأقوى وأقل تكلفة وأقل احتياجًا لساعات الراحة من الإنسان. ولن تتولى الروبوتات والسيارات ذاتية القيادة وغيرها من الأنظمة الذكية وظائف سائقي الشاحنات وموصلي الطلبات وعمال النظافة فحسب، وإنما كذلك المحاسبين والأطباء وموظفي البنوك وبعض قطاعات الهندسة، بل حتى وظيفة الصحافي مهددة بالانقراض لصالح خوارزميات الأخبار التي يمكنها جمع المعلومات وتقديمها بشكل أسرع وأكثر دقة. ويقدّر الخبراء أن نسبة البطالة ستتجاوز ثلاثين في المائة، وهذا رقم كفيل بقلب المعادلات السياسية والاجتماعية رأسًا على عقب في كل أنحاء العالم.

من المخاطر الكبرى التي تلوح في الأفق، تطوير تطبيقات متعددة للأنظمة العسكرية التي تعتمد على الذكاء الاصطناعي. لا يخفى على أحد أن سباق التسلح في تطوير طائرات بدون طيار قد بدأ بالفعل بين القوى العسكرية الكبرى في العالم، وأنه سيلعب دورًا تصعيديًا في الصراعات الدولية. وبسبب زيادة حدة الاضطرابات الداخلية والصراعات الدولية يتوقع العلماء السياسيون حدوث تراجع كبير على صعيد الديموقراطية في العالم. فإن اعتماد الإنسان على التقنية في حياته سيسهل على الحكومات مراقبته والتحكم في حياته بشكل غير مسبوق. إذن أين تنتهي التداعيات السلبية للذكاء الاصطناعي على حياة البشر؟ إن المارد قد خرج من القمقم ولم يعد بمقدور صاحبه التحكم فيه.

5. Answer the questions.

أ) ماذا تتوقعون من المقالة بناءً على العنوان؟
ب) كيف تطور الذكاء الاصطناعي في الفترة الأخيرة؟
ت) ماذا عرفتم عن الروبوت صوفيا؟
ث) كيف سيتغير سوق العمل؟
ج) ما التداعيات الأخرى على مستقبل العالم؟
ح) ما التوقعات بشأن الديموقراطية؟
خ) كيف يرى الكاتب مستقبل العالم؟
د) هل تتفقون معه أم لا، ولماذا؟

Vocabulary and Expressions مفردات وعبارات

6. Study the following words. In what context was each one used in the book?

genie; demon	مارد ج مَرَدة
to infiltrate	تسلل إلى

to take care of	اعتنى بـ
to take over	استولى على
to handle	تولّى
to become extinct	انقرض
to be sufficient to	كفيل بـ
to escalate	صعّد
to regress	تراجع
impact	تداعيات

7. Fill in each space with a word from the table above. Answer the questions.

أ) ما هي ..... الإيجابية للذكاء الاصطناعي على حياة الإنسان؟
ب) هل تتوقعون أن يحدث ..... أم تقدم في الديموقراطية في العالم؟
ت) كيف يمكن للذكاء الاصطناعي أن ..... الصراعات الدولية؟
ث) لماذا يتوقع البعض أن ..... الروبوتات على سوق العمل؟
ج) كيف سـ..... بصحتنا في المستقبل؟

8. What springs to mind when you read these phrases?

أ) مسألة وقت
ب) روح الدعابة
ت) سباق التسلح
ث) سيارات ذاتية القيادة
ج) الحق في التصويت

9. Fill in each space with the appropriate preposition.

أ) الذكاء الاصطناعي سيغير الطريقة التي نعتني بها ..... صحتنا.
ب) تسلل الذكاء الاصطناعي ..... جوانب كثيرة بحياتنا اليومية.
ت) نسبة البطالة العالية كفيلة ..... إحداث اضطرابات اجتماعية جسيمة.
ث) من المتوقع أن تستولي الروبوتات ..... سوق العمل في المستقبل القريب.
ج) قد لا يستطيع الإنسان أن يتحكم ..... الذكاء الاصطناعي في المستقبل.

10. Study the following expressions. In what context was each one used in the text?

the genie is out of the bottle	خرج المارد من القمقم
around the corner	قاب قوسين أو أدنى
to sound the alarm	دق ناقوس الخطر

to turn upside down قَلَب رأسًا على عقب

it looms يلوح في الأفق

11. Fill in each space with an expression from the table above. Discuss two statements.

أ) العلماء ..... بشأن احتمال انتشار أوبئة جديدة.
ب) لن يستطيع الإنسان أن يتحكم في الروبوتات، فقد ....
ت) هناك فترات كنا فيها ..... من وقوع حرب عالمية جديدة.
ث) ..... مخاطر كثيرة على سوق العمل.
ج) إن انتشار فيروس الكورونا ..... حياة الناس ..... .

Verbs and Verb Forms أفعال وأوزان

12. Complete the table below.

اسم المفعول	اسم الفاعل	المصدر	المضارع	الماضي
				دعا
			يتداعى	
		ادعاء		
			يولي	
				يتولّى
			استولى	

13. Fill in each space with a word from the chart above. Discuss two statements.

أ) من المتوقع أن ...... الروبوتات إجراء العمليات الجراحية في المستقبل.
ب) ..... بعض العلماء إلى وقف التجارب في مجال الذكاء الاصطناعي.
ت) لا أظن أن الروبوتات سـ ..... على العالم في المستقبل القريب.
ث) هناك الكثير من ..... الإيجابية على استخدام الروبوتات في العمل.
ج) ..... العلماء في العالم اهتمامًا كبيرًا للتطورات في مجال الذكاء الاصطناعي.
ح) ..... بعض الناس أن العلماء يخططون لدمج البشر مع الروبوتات.

Language Functions وظائف لغوية

Talking about an event expected to happen before some point in the future

To talk about an action or event that is expected or planned to happen before some point in the future, we use the verb كان in the future and the main verb in the past tense. The main verb may be introduced by قد. The use of قد is not compulsory. When used, it is just a stylistic preference.

سيكون + (قد) + الفعل الماضي

By the end of the year, the project **will have ended.**	حتى نهاية السنة، **سيكون** المشروع **قد انتهى.**
By the year 2050, the world **will have changed.**	بحلول ٢٠٥٠ **سيكون** العالم **قد تغير.**

Using expressions to intensify statements

Expressions are often used to emphasize a specific point and intensify the meaning. They can be used in persuasive writing, and they often express a high point along the scale. Like in the example from the article about AI, something is not just "out of control," but rather, "the genie is out of the bottle." Overly dramatic expressions in an article may raise questions about the writer's credibility.

Notice how the expressions below intensify or exaggerate the point being made.

العبارات	المعنى المقصود
يبذل قصارى جهده	يجتهد كثيرًا
سلاح ذو حدين	شيء له إيجابيات وسلبيات
لا يخفى على أحد	من المعروف أن
لا يختلف اثنان على أن	هناك اتفاق حول
رفع عليه سيف الرقابة	هدد بالرقابة
سلط الضوء على	بيّن أن
وقف مكتوف اليدين	لم يفعل شيئًا
أعاد إلى الأذهان	ذكر
وضع حدًا لـ . . .	أنهى
قامت الدنيا ولم تقعد	أثار جدلًا
انتشر كالنار في الهشيم	انتشر انتشارًا واسعًا
بين ليلة وضحاها	بسرعة

بأمس الحاجة إلى	بحاجة إلى
يدق ناقوس الخطر	يحذر
خرج المارد من القمقم	يصعب التحكم فيه

14. Find the above structures in the text and highlight them. Translate the sentences in which they appear into English.

15. Complete these sentences with your ideas and discuss.

أ) بسبب الأزمة المالية، كاد المشروع .....
ب) كاد عدد السياح الذين يزورون دبي .....
ت) كاد الزلزال .....
ث) كدتُ أصرخ عندما .....
ج) كانت بعض الدول ستبني محطة نووية ولكن .....
ح) كانت الولايات المتحدة ستوقع على اتفاقية كيوتو حول تغير المناخ ولكن .....
خ) كانت مدينة جدة ستبني ناطحة سحاب طولها ميل واحد ولكن .....
د) كنت سأسكن في ناطحة سحاب عالية ولكن .....

Role-Playing لعب الأدوار

16. Work with a partner to do the following role-play.

دور أ	دور ب
تعتقد/تعتقدين أن الذكاء الاصطناعي سيغير العالم للأفضل.	تعتقد/تعتقدين أن الذكاء الاصطناعي سيغير العالم للأسوأ.

Useful expressions

Introducing a digression

By the way — على فكرة
Let me tell you a story. — دعني/دعيني أحكي لك قصة.

Resumption

Back to our topic — عودةً إلى موضوعنا
Back to the key point — رجوعًا إلى المسألة الرئيسية

Emphasizing the main point

This is the main point.	هذا هو مَرْبط الفرس.
Here is the whole point.	هنا بيت القصيد.

Writing كتابة

17. Respond to the following prompt.

طلبت مجلت "المستقبل" الإلكترونية من قرائها أن يكتبوا مقالات حول الموضوعات التالية:

أ) ما هي المهن التي يجب أن نعد أولادنا لها اليوم؟
ب) لو استولى الذكاء الاصطناعي على كل الوظائف الحالية، فهل تفضلون البقاء بدون عمل في مجتمع يعيش في الرفاهية بدون الاحتياج للعمل أو تفضلون إيجاد أي وظيفة بديلة تعملون فيها؟
ت) هل سيندمج الإنسان مع الآلات في المستقبل القريب؟
ث) كيف سيختلف معنى كلمة "إنسان" في زمن الذكاء الاصطناعي؟

Include the following structures and expressions in your writing:

- بحلول عام .....
- الجملة الشرطية
- عبارات مناسبة من الصفحة ١٦٤

Up for Discussion مطروح للنقاش

18. Discuss the following scenario.

ستشاركون في مناقشة عامة حول مستقبل العالم في ظل تطور الذكاء الاصطناعي. من بين الموضوعات المطروحة للمناقشة:

أ) مهن المستقبل
ب) سوق العمل ودور العمل في المجتمع
ت) تطورات في مجال التسلية والترفيه
ث) استخدام الذكاء الاصطناعي للاعتناء بالصحة
ج) استخدام الذكاء الاصطناعي لأغراض عسكرية

كما يمكنكم تقديم اقتراح بشأن مناقشة موضوعات أخرى ذات صلة بالذكاء الاصطناعي. الهدف من الاجتماع هو التوصل إلى اتفاق حول القرارات التي يجب اتخاذها من أجل مستقبل أكثر اشراقا.

Appendix 1: Verb Form Patterns

أوزان الفعل

Verb Form Patterns أوزان الفعل

Passive Participle اسم المفعول	Active Participle اسم الفاعل	Verbal Noun المصدر	Present Tense المضارع	Past Tense الماضي	Form الوزن
مُفعَّل	مُفعِّل	تفعيل/ تَفعِلَة	يُفعِّل	فعَّل	II
مُفاعَل	مُفاعِل	مُفاعَلة/ فعال	يُفاعِل	فاعَل	III
مُفعَل	مُفْعِل	إفْعال	يُفْعِل	أفْعَل	IV
متفعَّل	مُتَفَعِّل	تَفَعُّل	يَتفعَّل	تَفعَّل	V
متفاعَل	مُتفاعِل	تَفاعُل	يَتَفاعَل	تَفاعَل	VI

مُنْفَعَل	مُنْفَعِل	اِنْفِعال	يَنْفَعِل	اِنْفَعَل	VII
مُفْتَعَل	مُفْتَعِل	اِفْتِعال	يَفتَعِل	اِفْتَعَل	VIII
	مُفْعِلّ	اِفْعِلال	يَفْعَلُّ	اِفْعَلَّ	IX
مُسْتَفْعَل	مُسْتَفْعِل	اِسْتِفْعال	يَسْتَفْعِل	اِسْتَفْعَل	X

Verb Form Patterns: Examples أوزان الفعل: الأمثلة

Passive Participle اسم المفعول	Active Participle اسم الفاعل	Verbal Noun المصدر	Present Tense المضارع	Past Tense الماضي	Form الوزن
مُقَدَّم	مُقَدِّم	تقديم	يقدِّم	قَدَّم	II
	مُساعِد	مُساعَدة	يُساعِد	ساعَد	III
مُساعَد	مُدافِع	دِفاع	يُدافِع	دافَع	III
	مُعْلِن	إعْلان	يُعْلِن	أعْلَن	IV
مُدافَع	مُتَعَلِّم	تَعَلُّم	يَتَعَلَّم	تَعَلَّم	V
مُتَعارَف	مُتَعارِف	تَعارُف	يَتَعارَف	تَعارَف	VI
مُنْقَلَب	مُنْقَلِب	اِنْقِلاب	يَنْقَلِب	اِنْقَلَب	VII
مُجْتَمَع	مُجْتَمِع	اِجْتِماع	يَجْتَمِع	اِجْتَمَع	VIII
	مُحْمِرّ	اِحْمِرار	يَحْمَرُّ	اِحْمَرَّ	IX
مُسْتَقْبَل	مُسْتَقْبِل	اِسْتِقْبال	يَسْتَقْبِل	اِسْتَقْبَل	X

Appendix 2: Active vs. Passive Voice

الفعل المبني للمعلوم مقابل المبني للمجهول

Past Tense **الماضي**

Passive المبني للمجهول	Active المبني للمعلوم	Form الوزن
كُسِرَ	كَسَرَ	I
قُدِّم	قَدّم	II
شُوهِد	شاهَد	III
أُحْضِر	أَحْضَر	IV
تُعُلِّم	تَعَلَّم	V*

	تقابل	VI
	اِنْكَسَر	VII
أُنْتُخِب	اِنْتَخَب	VIII*
	اِحمرّ	IX
اُسْتُقْبِل	اِسْتَقْبَل	X

*Notice that form V and VIII verbs with transitive meaning (i.e., verbs that take a direct object) have a passive form while those with intransitive meaning do not.

Present Tense المضارع

Passive المبني للمجهول	Active المبني للمعلوم	Form الوزن
يُكْسَر	يكْسَر	I
يُقَدَّم	يُقدِّم	II
يُشاهَد	يُشاهِد	III
يُحْضَر	يُحْضِر	IV
يُتَعَلَّم	يَتَعَلَّم	V
	يَتَقابَل	VI
	يَنْكَسِر	VII
يُنْتَخَب	يَنْتَخِب	VIII
	يَحْمَرّ	IX
يُسْتَقْبَل	يَسْتَقْبِل	X

Appendix 3: Hollow Verbs

الفعل الأجوف

Form I: Three Groups

Group 3 middle radical: الواو or الياء	Group 2 middle radical: الياء	Group 1 middle radical: الواو
نام، ينام (to sleep)	سار، يسير (to walk)	قال، يقول (to say)

Past tense conjugation

قال، يقول

3rd person		2nd person.		1st person	
Fem.	Masc.	Fem.	Masc.		
قالَتْ	قالَ	قُلْتِ	قُلْتَ	قُلْتُ	Singular
قالَتا	قالا	قُلْتُما	قُلْتُما		Dual
قُلْنَ	قالوا	قُلْتُنَّ	قُلْتُم	قُلْنا	Plural

سار، يسير

3rd person		2nd person.		1st person	
Fem.	Masc.	Fem.	Masc.		
سارَتْ	سار	سِرْتِ	سِرْتَ	سِرْتُ	Singular
سارَتا	سارا	سِرْتُما	سِرْتُما		Dual
سِرْنَ	ساروا	سِرْتُنَّ	سِرْتُم	سِرْنا	Plural

نام، ينام

3rd person		2nd person.		1st person	
Fem.	Masc.	Fem.	Masc.		
نامت	نام	نِمْتِ	نِمتَ	نِمت	Singular
نامتا	ناما	نِمْتما	نِمْتما		Dual
نِمْنَ	ناموا	نِمْتُن	نِمْتم	نِمْنا	Plural

Present tense conjugation

قال، يقول

3rd person		2nd person.		1st person	
Fem.	Masc.	Fem.	Masc.		
تقول	يقول	تقولين	تقول	أَقول	Singular
تقولان	يقولان	تقولان	تقولان		Dual
يَقُلْن	يقولون	تقُلْن	تقولون	نَقول	Plural

سار، يسير

3rd person		2nd person.		1st person	
Fem.	Masc.	Fem.	Masc.		
تَسِير	يَسِير	تَسِيرين	تَسِير	أَسِير	Singular
تسِيران	يَسِيران	تَسِيران	تَسِيران		Dual
يسِرْن	يَسِيرون	تَسِرْن	تَسِيرون	نَسِير	Plural

نام، ينام

3rd person		2nd person.		1st person	
Fem.	Masc.	Fem.	Masc.		
تَنام	يَنام	تَنامِين	تَنام	أنام	Singular
تَنامان	يَنامان	تَنامان	تَنامان		Dual
يَنَمْن	يَنامُون	تَنَمْن	تَنامُون	نَنام	Plural

Hollow Verb Forms أوزان الفعل الأجوف

Passive Participle اسم المفعول	Active Participle اسم الفاعل	Verbal Noun المصدر	Present Tense المضارع	Past Tense الماضي	Form الوزن (middle consonant)
مُعوَّد	مُعَوِّد	تعويد	يُعَوِّد	عَوَّد	II (و)
مُغيَّر	مُغيِّر	تغيير	يغيِّر	غَيّر	II (ي)
مُحاوَل	مُحاوِل	مُحاولة	يُحاول	حاول	III (و)
مُغايَر	مُغايِر	مغايرة	يغاير	غاير	III (ي)
مجاب	مجيب	إجابة	يجيب	أجاب	IV (و)
مفاد	مفيد	إفادة	يُفيد	أفاد	IV (ي)
*	مُتعوِّد	تَعَوُّد	يَتَعَوَّد	تعوّد	V (و)
*	مُتَغَيِّر	تغير	يَتَغَيَّر	تغير	V (ي)
	مُتَناوِم	تَناوُم	يَتناوم	تناوم	VI (و)
	مُتَعايِش	تعايش	يتعايش	تعايش	VI (ي)
	مُنقاد	انقياد	ينقاد	انقاد	VII (و)
	منباع	انبياع	ينباع	انباع	VII (ي)
*محتاج	مُحْتاج	احتياج	يحتاج	احتاج	VIII (و)
مُخْتار	مُخْتار	اختيار	يختار	اختار	VIII (ي)
	مُسْوَدّ	اسْوِداد	يَسْوَدّ	اسْوَدّ	XI (و)
	مُبْيَضّ	ابْيِضاض	يَبْيَضّ	ابْيَضّ	XI (ي)
مستجاب	مستجيب	استجابة	يستجيب	استجاب	X (و)
مستفاد	مستفيد	استفادة	يستفيد	استفاد	X (ي)

*Notice that form V and VIII verbs with a transitive meaning (i.e., verbs that take a direct object) have a passive participle, while those with an intransitive meaning do not. For example, the verb تعوّد (meaning "to get or be accustomed") does not take an object, so it does not have the passive participle. However, the verb تصور (meaning "to imagine") takes an object and therefore has a passive participle: مُتَصّوَّر.

Appendix 4: Weak Verbs

الفعل الناقص

Form I: Four Groups

Group 4 final radical: الياء	Group 3 final radical: الياء	Group 2 final radical: الياء	Group 1 final radical: الواو
سعى، يسعى (to strive)	نَسي، ينسَى (to forget)	مَشَى، يمْشي (to walk)	دعا، يدْعو (to call)

Group 1: دعا، يدعو

Past tense conjugation

3rd person		2nd person.		1st person	
Fem.	Masc.	Fem.	Masc.		
دَعَتْ	دَعا	دَعَوْتِ	دَعَوْتَ	دَعَوْتُ	Singular
دَعَتا	يقولان	دَعَوْتُما	دَعَوْتُما		Dual
دَعَوْنَ	يقولون	دَعَوْتُنَّ	دَعَوْتُمْ	دَعَوْنا	Plural

Present tense conjugation

3rd person		2nd person.		1st person	
Fem.	Masc.	Fem.	Masc.		
تَدْعو	يَدْعو	تَدْعِين	تَدْعو	أَدْعُو	Singular
تدْعُوَان	يَدْعُوَان	تَدْعُوَان	تَدْعُوَان		Dual
يَدْعُون	يَدْعُون	تَدْعُون	تَدْعُون	نَدْعو	Plural

Group 2: مَشَى، يَمْشي

Past tense conjugation

3rd person		2nd person.		1st person	
Fem.	Masc.	Fem.	Masc.		
مَشَتْ	مَشَى	مَشَيْتِ	مَشَيْتَ	مَشَيْتُ	Singular
مشتا	مَشَيا	مشيتُما	مشيْتُما		Dual
مَشَيْنَ	مَشَوْا	مَشَيْتُنّ	مَشَيْتم	مَشَيْنا	Plural

Present tense conjugation

3rd person		2nd person.		1st person	
Fem.	Masc.	Fem.	Masc.		
تَمْشي	يَمْشي	تَمْشين	تَمْشي	أَمْشي	Singular
تمشيان	يمشيان	تمشيان	تمشيان		Dual
يَمْشِين	يَمْشُون	تَمْشِين	تَمْشُونَ	نَمْشي	Plural

Group 3: نَسِيَ، يَنْسَى

Past tense conjugation

3rd person		2nd person.		1st person	
Fem.	Masc.	Fem.	Masc.		
نَسِيَتْ	نَسِيَ	نَسِيتِ	نَسِيتَ	نَسِيتُ	Singular
نَسِيتا	نَسِيا	نَسِيتُما	نَسِيتُما		Dual
نَسِينَ	نَسَوْا	نَسِيتُنّ	نَسِيتم	نَسِينا	Plural

Present tense conjugation

3rd person		2nd person.		1st person	
Fem.	Masc.	Fem.	Masc.		
تَنْسَى	يَنْسَى	تَنْسين	تَنْسَى	أنْسَى	Singular
تنسيان	ينسيان	تنسيان	تنسيان		Dual
ينسَيْن	يَنسون	تَنْسَيْن	تَنْسَوْن	نَنْسَى	Plural

Group 4: سَعَى، يَسْعَى

Past tense conjugation

3rd person		2nd person.		1st person	
Fem.	Masc.	Fem.	Masc.		
سَعَت	سَعَى	سعيتِ	سَعَيْتَ	سَعَيْتُ	Singular
سَعَتَا	سَعَيا	سَعَيتما	سَعَيْتُما		Dual
سَعَيْنَ	سَعَوْا	سَعَيْتُنَّ	سَعَيْتم	سَعَيْنا	Plural

Present tense conjugation

3rd person		2nd person.		1st person	
Fem.	Masc.	Fem.	Masc.		
تَسْعَى	يسعى	تَسْعِين	تَسْعَى	أَسْعَى	Singular
تسعيان	يسعيان	تسعيان	تسعيان		Dual
يسعَيْنَ	يسعَوْنَ	تسعَيْنَ	تَسْعَوْنَ	نَسْعَى	Plural

Weak Verb Forms أوزان الفعل الناقص

Passive Participle اسم المفعول	Active Participle اسم الفاعل	Verbal Noun المصدر	Present Tense المضارع	Past Tense الماضي	Form الوزن
مسمًّى	مُسَمٍّ	تَسْمِيَة	يُسَمّي	سَمَّى	II
مُساوىً	مُساوٍ	مُساواة	يُساوي	ساوَى	III

معطىً	مُعطٍ	إعْطاء	يُعْطِي	أعْطَى	IV
مُتَّمَنىً	مُتمنٍّ	تَمنٍّ	يَتَمنى	تَمَنَّى	V*
مُتَعالىً	مُتَعالٍ	تَعالٍ	يتعالى	تَعالَى	VI*
	منقضٍ	انْقضاء	ينْقَضِي	انقضى	VII
مُنْتَهىً	مُنتهٍ	انْتِهاء	يَنتهي	انتهى	VIII
					IX rare
مُسْتَثْنىً	مُسْتَثْنٍ	اِسْتِثْناء	يَسْتثني	اِسْتَثْنَى	X

* Note that all forms are conjugated like مشى، يمشي except for forms V and VI, which are conjugated like سعى، يسعى.

Appendix 5: Geminate Verbs

الفعل المضعف

Past tense conjugation

مرّ، يمُرّ

3rd person		2nd person.		1st person	
Fem.	Masc.	Fem.	Masc.		
مّرَّتْ	مَرّ	مَرَرْتِ	مَرَرْتَ	مَرَرْتُ	Singular
مرّتا	مرّا	مررتُما	مررْتُما		Dual
مَررْنَ	مَرّوا	مَرَرْتُنّ	مَرَرْتُمْ	مَرَرْنا	Plural

Present tense conjugation

3rd person		2nd person.		1st person	
Fem.	Masc.	Fem.	Masc.		
تَمُرّ	يَمُرّ	تَمُرّين	تَمُرّ	أَمُرّ	Singular
تَمُرّان	يَمُرّان	تَمُرّان	تَمُرّان		Dual
يَمْرُرن	يمرّون	تَمررن	تَمُرّون	نَمُرّ	Plural

Geminate Verb Forms أوزان الفعل المضعف

Passive Participle اسم المفعول	Active Participle اسم الفاعل	Verbal Noun المصدر	Present Tense المضارع	Past Tense الماضي	Form الوزن
محقَّق	محقِّق	تحقيق	يحقّق	حقّق	II
مُقَاصٌّ	مُقَاصٌّ	مُقاصَصة	يُقاصِص	قاصَص	III
مُحَقّ	مُحِقّ	إحْقاق	يُحِقّ	أَحَقّ	IV
	متحقِّق	تَحَقُّقٍ	يَتَحَقّق	تَحَقَّق	V
					VI
	مُنْضَمّ	انْضِمام	ينْضَمّ	انضمّ	VII
مُحْتَلّ	مُحْتَلّ	اِحْتِلال	يَحتلّ	اِحْتَلّ	VIII
					IX rare
	مُسْتَمِرّ	اِسْتِمْرار	يَسْتَمِرّ	اِسْتَمَرّ	X

Appendix 6: Useful Phrases

Agreeing	
I am with you.	أنا معك.
I totally agree with you.	أتفق معك تمامًا.
Disagreeing politely	
With all due respect . . .	مع احترامي، فإن . . .
This is right but . . .	هذا صحيح لكن . . .
Strongly disagreeing	
I do not agree with you at all.	لا أتفق معك أبدًا.
I totally disagree with you.	أختلف معك تمامًا.
To express certainty	
There is no doubt that . . .	لا شكّ أنّ . . .
It is indisputable that . . .	لا يمكن الإنكار أنّ . . .
To express uncertainty	
It seems to me that . . .	يبدو لي أنّ . . .
It could be said that . . .	يمكن القول إنّ . . .
To list points	
First, second, last but not least	أولًا، ثانيًا، أخيرًا وليس آخرًا

Soliciting opinion

What is your opinion on . . . ?	ما رأيك في . . . ؟
What is your point of view on . . . ?	ما وجهة نظرك حول . . . ؟
What is your stance on . . . ?	ما موقفك من . . . ؟

Expressing opinion

I believe that	أعتقد أنّ + الجملة الاسمية
In my humble opinion	في رأيي المتواضع
From my point of view	من وجهة نظري

Supporting a cause or proposal

I fully support this view.	أؤيد هذه الفكرة تاييدًا تامًّا.
I completely support the idea.	أدعم الفكرة دعمًا كاملا.

Refusing a cause or proposal

I totally reject this idea.	أرفض هذه الفكرة رفضًا تامًّا.
I strongly oppose this.	أعارض هذا معارضة شديدة.

Expressing an alternative viewpoint

On the one hand . . . and on the other (hand) . . .	من ناحية . . . ومن ناحية أخرى . . .
The issue is not restricted to . . . rather . . .	المسألة لا تقتصر على . . . وإنما . . .
I would like to draw your attention to . . .	أريد أن ألفت نظرك إلى . . .

Disagreeing in a confrontational manner

This is ridiculous!	هذا كلام فارغ!
Nonsense!	هذا هراء!

Apologizing

I am so sorry.	أنا آسف/آسفة جدًا.
I did not mean to insult you.	لم أقصد الإساءة إليك.
My apologies.	أقدم اعتذاري.

Accepting an apology

Apology accepted.	اعتذارك مقبول.
It's fine.	لا بأس.

Rejecting an apology

Your apology is not acceptable.	اعتذارك غير مقبول.
I cannot accept your apology.	لا أستطيع أن أقبل اعتذارك.

Making suggestions

Let me present an idea to you	دعني/دعيني أعرض عليك فكرة
Let me say this	اسمح/اسمحي لي أن أقول هذا

Positively responding

A great idea!	فكرة رائعة!
I support this wholeheartedly.	أؤيد ذلك قلبًا وقالبًا.
This deserves consideration.	هذا يستحق التفكير.

Negatively responding

Allow me to disagree.	اسمحْ/اسمحي لي أن أختلف معك.
I don't think this suggestion is realistic.	لا أظن أن هذا الاقتراح واقعي.
Some claim that . . . but . . .	يدّعي البعض أن . . . ولكن . . .

Interrupting

One moment please.	لحظة من فضلك.
I am sorry to interrupt but . . .	أنا آسف/ة للمقاطعة ولكن . . .
Allow me to tell you something.	اسمحْ/اسمحيلي أن أقول لك شيئًا.

Holding the floor

Please do not interrupt me.	لو سمحت، لا تقاطعني/تقاطعيني.
Please give me a chance to finish what I was saying.	من فضلك أعطِني/أعطيني فرصة أن أكمل كلامي.
Please hear me out.	من فضلك اسمعني للنهاية..

Clarifying

Allow me to clarify the issue.	اسمحْ/ي لي أن أوضّح المسألة.
Let me explain.	دعْني/دعيني أشرحَ.
For clarification, I say that	للتوضيح أقول إنّ . . .

Asking for clarification

What do you mean (by that)?	ماذا تقصد/تقصدين (بذلك)؟
Excuse me, could you explain more?	عفوًا، هل يمكنك أن تشرح/تشرحي أكثر؟
I would like to ask for clarification.	أود أن أستوضح.

Arguing for

I support this idea.	أنا أؤيد هذه الفكرة.
It is indisputable that this idea is great.	لا جدال في أن هذه الفكرة ممتازة.
I am wholeheartedly for this.	أنا مع هذا قلبًا وقالبًا.

Arguing against

I object to this completely.	أعترض على ذلك تمامًا.
This is completely unacceptable.	الأمر غير مقبول إطلاقا.
This idea is utterly unacceptable.	هذه الفكرة مرفوضة تمامًا.

Expressing hesitancy and uncertainty

I am not sure about this issue.	لست متأكِّدًا/متأكدة من هذا الموضوع.
I say this with some hesitancy.	أقول هذا بشيء من التردد.

Expressing certainty

I am 100 percent sure about this.	أنا متأكِّد/متأكدة مائة بالمائة من هذا الموضوع.
I am saying this with full confidence.	أقول هذا بثقة كاملة.

Comparing

There is a great similarity between . . . and . . .	هناك تشابه كبير بين . . . وبين . . .
As a matter of fact, the two are similar.	في الحقيقة، الأمران متشابهان جدًا.

Contrasting

There is a huge difference between . . . and . . .	هناك فرق شاسع بين . . . وبين . . .
There is no comparison between/among . . . and . . .	لا وجه للمقارنة بين . . . وبين . . .

Expressing approval enthusiastically

Wonderful!	شيء رائع!
Impressive!	شيء يثير الإعجاب!
I swear to God, this is amazing!	والله هذا شيء مدهش!

Expressing disapproval in a personal way

Personally, this is unacceptable.	بالنسبة لي هذا غير مقبول.
I totally reject this idea.	أنا أرفض هذه الفكرة تمامًا.
I am so upset.	أنا مستاء/مستاءة جدًا.

Expressing disapproval in a general way	
It is a shame that . . .	من المؤسف أنَّ . . .
It is too bad that . . .	للأسف الشديد فإنَّ . . .
Generalizing	
In general	عمومًا
All in all	على كل حال
Overall, one can say	إجمالا، يمكن القول
Specifying	
In particular	خصوصًا
Particularly	لا سيما
To be exact	على وجه الدقة
Giving examples	
For example	مثلًا
For instance	على سبيل المثال
Take as an example that . . .	خذ مثلا أنّ . . .
Showing empathy	
I empathize with you.	أنا متعاطف/متعاطفة معك.
I understand your position.	أنا متفهم/متفهمة موقفك.
I share the same feelings.	أبادلك الشعور نفسه.
Denying empathy	
I cannot empathize with you.	لا يمكنني أن أتعاطف معك.
How can you say something like that?	كيف يمكنك أن تقول/تقولي شيئًا مثل هذا؟
I find your position strange.	أستغرب موقفك.
Exploring both sides of an issue	
If we assume that what you are saying is true	لو فرضنا مثلًا أنّ كلامك صحيح
Even if we assume that . . .	حتى لو فرضنا أن . . .
If we assume, for the sake of the argument, that . . .	لو فرضنا جدلا أنّ . . .
If you think about it, you will find that . . .	لو فكرتَ في الأمر، ستجد أنّ . . .
If we set our differences aside	لو تركنا اختلافاتنا جانبًا

Paraphrasing

meaning	يعني
In other words,	أو بعبارة أخرى، فإنَّ . . .
What I mean is . . .	قصدي أنَّ . . .
What it means is that . . .	ومعنى ذلك أنَّ . . .
If we set our differences aside	لو تركنا اختلافاتنا جانبًا

Expanding

Let me add that . . .	دعني/دعيني أضيف أن . . .
On top of this	علاوة على ذلك
This is one side. As for the other,	هذا جانب، أما الجانب الآخر فهو . . .
There are many things to add, among them . . .	هناك أشياء كثيرة أضيفها ومنها . . .
If we set our differences aside	لو تركنا اختلافاتنا جانبًا

Insisting on a point

I still believe that . . .	أنا ما زلت أعتقد أنّ . . .
I am telling you again	أرجع وأقول لك مرة أخرى
I don't think there is anything to discuss.	لا أظن أن هناك مجالا للنقاش.

Suggesting an alternative viewpoint

Could we look at . . . ?	هل يمكننا أن ننظر إلى. . . ؟
Let's look at the issue from another angle.	لننظر إلى الموضوع من زاوية أخرى.
This is correct, but there is also . . .	هذا صحيح، لكن هناك أيضًا . . .

Correcting

This is right to an extent, but . . .	هذا صحيح إلى حدٍّ ما، ولكن . . .
Let us correct your information.	لنصحح معلوماتك.

Persuading

We all know that . . .	كلنا نعرف أنّ . . .
We are not going to argue if we say . . .	لن نختلف إذا قلنا إن . . .

Summarizing

In summary, . . .	خلاصة القول إن . . .
The bottom line is . . .	المختصر المفيد هو أنّ . . .

Introducing a digression

By the way	على فكرة
Let me tell you a story.	دعني/دعيني أحكي لك قصة.

Resumption

Back to our topic	عودةً إلى موضوعنا
Back to the key point	رجوعًا إلى المسألة الرئيسية

Emphasizing the main point

This is the main point.	هذا هو مَرْبط الفرس.
Here is the whole point.	هنا بيت القصيد.